Depoimento de um membro da Resistência: Minha história como combatente da resistência na França durante a Segunda Guerra Mundial

Raymond Heymann

Published by Raymond Heymann, 2024.

DEPOIMENTO DE UM MEMBRO DA RESISTÊNCIA: MINHA HISTÓRIA COMO COMBATENTE DA RESISTÊNCIA NA FRANÇA DURANTE A SEGUNDA GUERRA MUNDIAL

First edition. July 14, 2024.

ISBN: 979-8227040091

Written by Raymond Heymann.

Depoimento de um membro da Resistência

Minha história como combatente da resistência na França durante a Segunda Guerra Mundial

RAYMOND HEYMANN

Capítulo 1

Uma família da Alsácia entre as duas guerras mundiais

Meu nome é Raymond Heymann. Nasci em Estrasburgo em 1919, uma cidade marcada pela história, logo após a conclusão do Tratado de Versalhes.

Estrasburgo, uma cidade onde o eco de cada pedra conta uma história, onde cada beco parece sussurrar contos do passado. Minhas raízes são profundas na Alsácia, a terra de meus ancestrais há gerações. Meus pais, avós e bisavós nasceram nessa terra, entrelaçados na rica tapeçaria da história da Alsácia.

O judaísmo alsaciano, ao qual minha família pertence, é um ramo da tradição judaica que se estende ao longo do vale do Reno. Da Basiléia até a fronteira com a Holanda, caracteriza-se por uma dispersão de pequenas comunidades. A história judaica na Alsácia é complexa, marcada por proibições e movimentos. Antes da Revolução Francesa, os judeus não tinham permissão para viver nas cidades da Alsácia. Eles viviam em vilarejos, geralmente nos arredores das grandes cidades.

Meus dois avós, que testemunharam esse período, vieram desses pequenos vilarejos. Eles nasceram nesse mundo rural simples, longe da agitação das grandes cidades. Meu avô materno nasceu em Bolsenheim e minha avó em Muttersholz. Vilarejos que sussurravam o passado, lugares onde o tempo parecia passar de forma diferente.

A história da Alsácia está intimamente ligada à da Alemanha, e a ocupação alemã da Alsácia-Lorena foi um importante ponto de inflexão. A industrialização veio em seguida, transformando radicalmente o cenário social e econômico. As cidades cresceram em importância, atraindo um grande número de judeus dos vilarejos vizinhos. Esses movimentos populacionais refletiram mudanças profundas na vida das comunidades judaicas.

Os judeus das aldeias, inclusive meus antepassados, geralmente tinham negócios modestos, como comerciantes de gado ou trigo, e até mesmo vendedores ambulantes. Vivendo em condições econômicas precárias, eles aspiravam a uma vida melhor. Essas histórias, essas jornadas, moldaram minha família e acabaram nos levando a Estrasburgo, onde nasci, no coração de uma era de mudanças e desafios.

Em 1870, após a conquista alemã, minha família se viu diante de uma escolha crucial. Alguns tomaram a difícil decisão de deixar a Alsácia e ir para os Estados Unidos para evitar o serviço militar alemão, enquanto outros preferiram se estabelecer na França. Durante esse período turbulento, tenho um tio, nascido em 1852, que aos 18 anos de idade era guarda móvel em Estrasburgo. Ele testemunhou os eventos dramáticos do cerco prussiano de 1870, inclusive o grande incêndio que devastou a cidade.

Minha avó, juntamente com seus irmãos e irmãs, viveu essa época de turbulência. Um de seus irmãos se estabeleceu em Remiremont, nos Vosges. Durante o Caso Dreyfus, como cabeleireiro, ele sofreu com o antissemitismo dos oficiais da guarnição que quebraram as janelas de sua loja, forçando-o a se mudar para Nancy. Dois outros irmãos emigraram para os Estados Unidos, mas retornavam regularmente para visitar a família.

Meu avô paterno veio de Lindgolsheim, um pequeno vilarejo perto de Estrasburgo, e minha avó paterna de Ritzels, perto da fronteira com a Alemanha. Durante a Primeira Guerra Mundial, meu pai, então um soldado alemão, comprou uma loja de calçados na Grand-Rue, em Estrasburgo, que administrou até as vésperas da Segunda Guerra Mundial.

Meus pais se casaram em 1913. Tenho aqui suas fotos de 1912. Esta é a da minha mãe e esta é a do meu pai.

profundamente tradicional, enraizado em práticas e costumes. Entretanto, é preciso admitir que nosso nível de cultura e conhecimento judaico era bastante limitado. Os membros de nossa comunidade sabiam ler hebraico, seguiam as orações e observavam as leis da kashrut. Mas sua compreensão não ia além dessas práticas. Essa lacuna contribuiu posteriormente para uma certa assimilação e um aumento no número de casamentos entre pessoas do mesmo sexo.

Em minha família, seguíamos as tradições judaicas com um certo grau de flexibilidade. Embora a loja estivesse aberta no Shabat, meu pai, um fumante inveterado, nunca fumava nesse dia. Tampouco viajávamos no Sabbath. Essas eram contradições, é claro, mas refletiam um inegável apego à tradição, que meus pais conseguiram passar para minha irmã e para mim.

Observávamos os festivais judaicos e o Shabat era comemorado da maneira tradicional, com visitas ao Bet HaKnesset. Entretanto, a vida econômica e social impunha suas restrições. Por exemplo, eu ia à escola no sábado, o que ilustra a mistura de tradição e modernidade que caracterizava nossa vida.

No que diz respeito à educação secular, não havia alternativa às escolas públicas. Havia uma escola primária judaica em Estrasburgo, mas ela não atendia às expectativas das famílias judaicas que queriam uma educação de alta qualidade. Minha irmã e eu frequentamos a escola secundária, tanto a primária quanto a secundária, com colegas não judeus. Essa experiência escolar foi representativa de nossa integração na sociedade convencional, mantendo, ao mesmo tempo, um vínculo com nossa herança judaica.

No ambiente em que vivíamos, as interações entre judeus e não judeus eram frequentes. Embora houvesse antissemitismo, ele não era um grande problema em nossa vida diária. Nunca tivemos problemas sérios com isso. Eu tinha amigos não judeus, mas nossos relacionamentos tinham seus limites.

Em nossa casa, as amizades íntimas eram feitas principalmente com outras famílias judias. Com os não judeus, sempre havia um ponto além do qual o relacionamento não progredia. Por exemplo, em nosso bloco de apartamentos, havia uma zeladora, uma mulher admirável de quem meus pais gostavam muito. Ela havia trabalhado para meus pais antes de se casar e manteve um forte vínculo com nossa família. Ela tinha uma filha pequena e, no Natal, costumávamos ir até a árvore de Natal deles e dar-lhes um pequeno presente. Entretanto, nossas interações se limitavam a esses gestos de cortesia.

Os festivais judaicos, como o Hanukkah, eram celebrados exclusivamente em nossa comunidade. Não convidávamos não-judeus para essas celebrações. Essa separação das esferas sociais e culturais refletia a realidade da época e de nossa comunidade na Alsácia. Nossas tradições e práticas eram preservadas em nosso círculo familiar e comunitário, ao mesmo tempo em que mantínhamos uma coexistência respeitosa com nossos vizinhos não judeus.

Em Estrasburgo, a vida comunitária judaica era muito presente e ativa. Minha irmã e eu costumávamos frequentar o Talmud Torá às quintas-feiras e aos domingos pela manhã, durante as férias escolares. No entanto, o ensino que recebíamos lá era bastante básico. Lembro-me de meu bar mitzvah em 1932, quando li três versículos do Sefer Torá sem realmente entender seu significado, pois não havia uma explicação aprofundada. Naquela época, eu provavelmente estava mais interessado nos presentes associados ao evento do que no significado religioso em si.

Ao mesmo tempo, havia movimentos juvenis judeus muito ativos em Estrasburgo. Os escoteiros judeus, por exemplo, estavam bem estabelecidos na década de 1920. Havia também os movimentos juvenis sionistas, que eram ativos antes, durante e especialmente após a Primeira Guerra Mundial. O Keren Kayemet, em particular, era muito ativo. Quase todas as famílias judias tinham baús para coletar fundos para a Palestina, e a maioria das pessoas estava bem informada sobre a situação no país. Entretanto, nosso envolvimento pessoal nesses movimentos não ia além dessas atividades comunitárias básicas.

Essa dinâmica refletia um compromisso definitivo com nossa identidade judaica e com a causa sionista, mas de forma limitada, concentrando-se em práticas tradicionais e apoio comunitário, em vez de uma participação ativa e profunda em movimentos políticos ou religiosos.

Embora eu nunca tenha participado de um movimento juvenil, minha irmã se juntou às escoteiras neutras de Estrasburgo. Essa distinção entre "neutros", católicos, protestantes e israelitas era comum nos movimentos juvenis da época, refletindo a diversidade cultural e religiosa da cidade.

Estrasburgo, com sua comunidade judaica dinâmica e ativa, sempre foi um centro de intensa vida cultural e religiosa. A cidade era um caldeirão de tradições e inovações, onde diferentes crenças coexistiam, cada uma com suas próprias organizações e atividades. Essa vivacidade era particularmente notável na comunidade judaica, conhecida por seu compromisso e vitalidade.

A participação da minha irmã nas escoteiras neutras foi uma experiência enriquecedora, permitindo que ela mergulhasse em um ambiente secular e, ao mesmo tempo, permanecesse conectada à nossa herança cultural e religiosa. Isso refletia um equilíbrio entre nossa identidade judaica e nossa integração na sociedade de Estrasburgo, um equilíbrio que caracterizava a vida de muitas famílias judaicas na época.

Um dos eventos mais significativos para a comunidade judaica de Estrasburgo antes da Segunda Guerra Mundial foi, sem dúvida, a construção e a inauguração da grande sinagoga no Quai Kléber. Essa sinagoga, um edifício imponente e de prestígio, foi inaugurada no início do século XX, por volta de 1901 ou 1902, embora não saiba a data exata. Ela representou um importante ponto de virada para nossa comunidade, simbolizando nossa prosperidade e nossa integração na cidade.

Antes da construção dessa grande sinagoga, a comunidade judaica costumava se reunir em uma sinagoga mais antiga e modesta na rue Sainte-Hélène, no bairro antigo de Estrasburgo. No entanto, com o crescimento da população judaica, esse espaço ficou pequeno demais. A nova sinagoga, construída em um bairro de rápido crescimento, não muito longe do mercado central, rapidamente se tornou um símbolo de orgulho para todos nós. Sua localização visível e central na cidade atestava a presença e a importância crescentes da comunidade judaica na vida de Estrasburgo.

É importante observar que, entre 1870 e a Primeira Guerra Mundial, Estrasburgo viu a chegada de muitos judeus alemães. Essa imigração contribuiu para o enriquecimento cultural e religioso da comunidade judaica local, trazendo consigo novas perspectivas e tradições. A grande sinagoga no Quai Kléber, com sua arquitetura majestosa, personificou esse desenvolvimento, tornando-se um centro vital para a vida religiosa, social e cultural dos judeus de Estrasburgo.

O judaísmo alemão, conhecido por seu espírito empreendedor no campo das instituições judaicas, teve um impacto significativo sobre a comunidade judaica de Estrasburgo, especialmente durante o período da ocupação alemã. Foi durante esse período que as principais instituições de caridade judaicas de Estrasburgo foram fundadas, muitas vezes por iniciativa e com o apoio de famílias judaicas alemãs.

Uma importante clínica foi estabelecida, bem como uma escola, chamada de "escola de trabalho". Essa escola desempenhou um papel semelhante ao do ORT nos anos posteriores. Também foram fundados orfanatos, um para meninos e outro para meninas, além de outras obras religiosas mais específicas. Essas instituições foram amplamente apoiadas por famílias alemãs, que eram generosas e proativas no financiamento de obras públicas.

Outras realizações notáveis incluem o Hospice Elisa, uma casa de repouso fundada em memória de uma filha da família Ratisbonne. Essa família é particularmente interessante: no século XIX, um dos irmãos

Ratisbonne foi para a Terra Santa e se converteu ao cristianismo, fundando a Ordem das Irmãs de Sion. Outro irmão, presidente do Consistoire em Estrasburgo, criou o Hospice Elisa em homenagem à sua filha que morreu jovem. Esse hospício, que existe até hoje, evoluiu consideravelmente ao longo dos anos.

Esses desenvolvimentos atestam o profundo compromisso dos judeus, tanto locais quanto alemães, com sua comunidade em Estrasburgo. Sua generosidade e iniciativa desempenharam um papel crucial na criação de instituições que não apenas serviram à comunidade judaica, mas também enriqueceram a vida social e cultural da cidade como um todo.

Em Estrasburgo, não havia uma separação rígida entre os judeus alemães e os judeus alsacianos. Eles faziam parte do que era conhecido como a Grande Comunidade ou a Comunidade Consistorial, e não havia distinção significativa em sua prática religiosa ou integração social. Os judeus alemães em Estrasburgo não eram numerosos. Eles eram principalmente industriais ou pessoas ligadas ao poder e tinham certa influência.

Os judeus do Leste Europeu, os Ostjuden, também podem ter feito parte da comunidade, mas não eram um grupo separado dentro da Comunidade Consistorial.

É verdade que, em Estrasburgo, uma comunidade de observância rigorosa foi formada muito cedo. Isso aconteceu quando o órgão foi introduzido na principal sinagoga de Estrasburgo. Esse fenômeno, em que um grupo recusou a introdução do órgão, era comum na Alemanha e levou à criação de sua própria comunidade, conhecida como Ost-Streitsgemeinde. Esse cisma refletia diferenças na prática religiosa e na compreensão do judaísmo, e não diferenças étnicas ou nacionais.

A comunidade judaica de Estrasburgo era de fato diversificada. Além da comunidade consistorial principal, havia uma comunidade de observância estrita, bem como uma comunidade Ostjuden que se desenvolveu gradualmente. Essas diferentes comunidades coexistiam, cada uma com suas próprias práticas e tradições, e havia três minyanim, ou grupos de oração, distintos na cidade.

Quanto à minha família, costumávamos ir à sinagoga histórica no Quai Kléber. Morávamos em um bairro a cerca de 20 minutos da sinagoga. Em 1923, meus pais compraram um prédio nesse novo bairro, e foi lá que moramos.

A aproximação da Segunda Guerra Mundial traria mudanças profundas e devastadoras, não apenas para nossa família, mas para a comunidade judaica de Estrasburgo como um todo. Esse período marcou um ponto de virada crucial em nossa história, quando nossas vidas e nossa comunidade seriam testadas de maneiras sem precedentes.

Em 1938, as tensões que antecederam a Segunda Guerra Mundial eram palpáveis, e o ano de 1939 foi marcado por sinais cada vez mais preocupantes, como o Anschluss e a invasão da Tchecoslováquia. Meus pais, prevendo os problemas que estavam por vir, tomaram a precaução de alugar uma casa mobiliada em Vosges para passar as férias, considerando também a possibilidade de usá-la como refúgio, se necessário.

Capítulo 2

Setembro de 1939. A ordem de evacuação

Quando chegou 1º de setembro de 1939, Estrasburgo, juntamente com outras cidades próximas ao Reno, foi evacuada à força. Meu pai já havia levado minha mãe, minha irmã e meus avós para esse alojamento alguns dias antes. Meu pai e eu seguimos durante a evacuação oficial. Levamos o que pudemos conosco, tentando preservar nossos bens mais preciosos ou essenciais da melhor forma possível.

Assim, fomos parar em Gérardmer, um lugar que serviria de refúgio temporário contra a incerteza e os perigos da guerra iminente. Foi um período que marcou um ponto de virada em nossas vidas, levando-nos para longe de casa e mergulhando-nos em um futuro incerto. Nossa família, como tantas outras, viu-se diante da urgência da situação, tentando manter uma aparência de normalidade em um mundo que estava mudando rápida e irreversivelmente.

A ordem de evacuação de Estrasburgo veio repentinamente, mas não totalmente inesperada, dadas as crescentes tensões na Europa. Fomos informados principalmente pelo rádio, que era nossa principal fonte de informações sobre eventos externos na época. Além disso, a ordem de evacuação foi oficialmente divulgada pela cidade, tornando a situação inevitavelmente real e urgente.

A ordem estipulava que os trens seriam disponibilizados para levar os residentes aos departamentos anfitriões, em especial o Dordogne, com destinos como Périgueux, e o Haute-Vienne, com Limoges. No entanto, minha família escolheu um caminho diferente. Meu pai tinha um carro, o que nos permitiu viajar até nossa acomodação em Gérardmer, para onde já havíamos enviado minha mãe, minha irmã e meus avós.

Lembro-me das discussões em família sobre o que levar na mala. Havia uma certa urgência e ansiedade naqueles momentos. Tínhamos que decidir rapidamente sobre o essencial, deixando para trás grande parte de nossas posses e nossa vida normal. Foi um exercício de triagem difícil, separando as necessidades imediatas dos bens aos quais estávamos apegados. As decisões tinham de ser tomadas rapidamente, pois havia uma pressão constante de tempo e uma situação que mudava rapidamente.

Essa evacuação forçada foi um momento de profunda perturbação para nossa família, afastando-nos de nosso ambiente familiar e nos lançando em um futuro incerto. Foi uma despedida apressada de nossa casa, de nossos amigos e da vida que conhecíamos, sem saber o que o futuro nos reservava.

A evacuação de Estrasburgo, uma cidade normalmente movimentada, foi total e imperativa. A ordem era clara: todos deveriam sair, com exceção de alguns estabelecimentos essenciais, como restaurantes, hospitais e, é claro, tropas militares. Somente aqueles com autorização especial das autoridades militares francesas estavam isentos dessa diretriz. Essa medida, tomada sob a égide do governo francês, foi um sinal da confiança depositada na Linha Maginot. Os habitantes, inclusive eu, estavam convencidos de sua eficácia em nos proteger das ofensivas alemãs. Essa confiança também era sustentada por nossa fé no General Gamelin, o líder do exército francês. Em nossas mentes, a Linha Maginot era um baluarte infalível, uma garantia de segurança nesses tempos incertos.

O objetivo da evacuação de Estrasburgo não era apenas proteger as zonas militares, mas também tomar precauções para minimizar as baixas civis no caso de um bombardeio. Essa medida também tinha o objetivo de liberar espaço para manobras militares, de modo que a presença de civis não constituísse um obstáculo.

Diante dessa situação, nossa família teve que fechar a loja. Levamos a chave, deixando a maior parte das mercadorias para trás. Apenas o que podíamos carregar em nosso carro foi salvo. Foi um momento comovente, marcado pela nostalgia e pelas lembranças de meus avós. Minha avó paterna havia nos deixado em 1938, e meu avô paterno, que eu nunca havia conhecido, havia morrido muito antes, em 1905. Esses pensamentos acrescentaram uma camada extra de emoção à nossa partida apressada de Estrasburgo, uma cidade prestes a se tornar um fantasma de sua antiga efervescência.

A morte de minha avó paterna em 1938 deixou uma marca dolorosa em nossa família. Quanto aos meus avós maternos, eles moravam com meu tio, tia e primo logo abaixo do nosso apartamento. Quando a ordem de evacuação foi dada, todos eles tiveram que sair, assim como nós. Eles conseguiram encontrar um lugar para morar em Gérardmer, que era um local de refúgio para muitas pessoas de Estrasburgo durante aqueles tempos difíceis.

Meu tio, por sua vez, havia sido mobilizado nas forças territoriais, acrescentando mais uma camada de preocupação à nossa situação familiar. Apesar da incerteza e do medo, todos nós nos dirigimos a Gérardmer, levando conosco as chaves de nossas casas e empresas, que não deixamos debaixo de um capacho, mas guardamos preciosamente em nossos bolsos. Essa evacuação significou muito mais do que uma simples mudança de local; foi o início de uma nova era, cheia de incertezas, mas também de solidariedade familiar diante da adversidade.

Em Gérardmer, nos instalamos com relativa facilidade, apesar das condições simples e difíceis. A cidade, conhecida por seu lago pitoresco e cenário idílico de férias, oferecia muitas acomodações mobiliadas, o que era uma vantagem considerável para nós e para os muitos outros refugiados, principalmente de Colmar e arredores.

Essa comunidade repentina de refugiados incluía um número significativo de judeus, como nós, que buscavam refúgio longe de suas casas. A presença de uma sinagoga em Gérardmer foi uma fonte de conforto. Ela se tornou um ponto focal para a vida de nossa comunidade, oferecendo um local para adoração e reunião. Os cultos da igreja, em particular, eram momentos importantes, fortalecendo nosso senso de pertencimento e nossa resistência diante da adversidade.

A experiência em Gérardmer, embora marcada pelo contexto de guerra e evacuação, foi também um período de solidariedade e compartilhamento, em que a comunidade se uniu para enfrentar os desafios do momento.

Esse desenraizamento foi uma provação complexa, combinando a incerteza dos primeiros dias com a dura realidade da adaptação. No início, achei que seria uma espécie de férias, uma mudança temporária. Mas, muito rapidamente, os problemas materiais assumiram o controle. Tivemos que nos organizar para atender às necessidades básicas, como alimentação. Mandamos trazer carne kosher de Colmar. Esse era apenas um dos muitos detalhes, mas simbolizava a necessidade constante de adaptação.

O inverno em Gérardmer foi particularmente rigoroso. As temperaturas despencaram para níveis congelantes, chegando a 28 graus negativos e até 33 graus negativos em Robirmont. As persianas congelavam nas janelas e os banheiros paravam de funcionar por causa do gelo. Todos os dias era uma luta para nos mantermos aquecidos, e rachar lenha tornou-se uma rotina crucial para nossa sobrevivência.

Um dos eventos mais difíceis foi a morte de minha avó materna no final de outubro em Gérardmer. Ela foi enterrada sob uma espessa camada de neve. Os relatos daquele dia permanecem gravados em minha memória, evocando uma profunda tristeza. O túmulo não pôde ser cavado imediatamente por causa do solo congelado. Tivemos que esperar por um leve degelo. Sua morte, aos 81 anos de idade, foi acelerada por uma série de doenças menores que se agravaram com a idade e com esse desenraizamento repentino. Foi um momento de profunda tristeza, misturado com a dura realidade de nossa situação.

Essas experiências, por mais dolorosas que tenham sido, moldaram minha visão da vida e da resiliência. A necessidade de se adaptar a um ambiente hostil, ao mesmo tempo em que se lida com a dor e a perda, é uma lição de vida inestimável.

Em Gérardmer, minha vida tomou um rumo diferente do que eu poderia ter imaginado. Tendo saído do liceu para fazer faculdade de administração, concluí meus estudos no final de 1935. Portanto, quando chegamos a Gérardmer, eu não tinha mais nenhum vínculo com a escola. Foi uma grande mudança para mim, sair de um ambiente estruturado e previsível para uma existência incerta nessa pequena cidade.

Nós nos estabelecemos em Gérardmer da melhor maneira possível. Meus pais sempre foram econômicos, vivendo de forma modesta, mas adequada. Não nos faltava nada essencial, mas evitávamos qualquer gasto supérfluo. Esse hábito de economia foi crucial durante a guerra. Sem uma renda regular, dependíamos dessas economias para enfrentar as muitas dificuldades. Foi um período de restrição, mas também de aprendizado do valor da previsão e do gerenciamento cuidadoso dos recursos.

Cada dia trazia seus próprios desafios, mas graças à economia e à visão de meus pais, conseguimos superar os momentos mais difíceis. Essa experiência me ensinou a importância da prudência financeira, uma lição que carrego comigo por toda a minha vida.

Quando percebemos que nossa estadia em Gérardmer seria mais longa, decidimos voltar a Estrasburgo para pegar algumas coisas essenciais, tanto para nós quanto para meus avós. No início, transportamos nossos pertences pessoais no carro do meu pai. Mas logo começamos a trazer também os produtos de nossa loja.

Outubro, novembro e dezembro se passaram, e ficou claro que deixar nosso estoque de mercadorias em Estrasburgo era um desperdício desnecessário. Tínhamos um estoque substancial, especialmente com os pedidos de inverno, que haviam sido altamente lucrativos. Não havíamos previsto essa situação; normalmente, para interromper os pedidos, teríamos que planejar com seis meses de antecedência.

Diante dessa realidade imprevista, decidimos vender essas ações. Foi uma medida pragmática, que nos permitiu não desperdiçar recursos preciosos e gerar renda nesses tempos de incerteza. Foi uma tarefa árdua, mas necessária, que reflete nossa capacidade de adaptação e de enfrentar os desafios impostos pelas circunstâncias. Cada viagem de volta a Estrasburgo era um lembrete de nossa vida passada e um passo para administrar nossa nova realidade.

A situação que estávamos enfrentando era sem precedentes. As duas lojas que tínhamos em Estrasburgo estavam cheias de mercadorias. Inicialmente, alugamos um quarto de um salão de baile para armazenar os sapatos. Essa parecia ser uma solução temporária, mas logo tivemos que alugar todo o salão de baile em Gérardmer para acomodar todo o nosso estoque.

As viagens entre Estrasburgo e Gérardmer estavam se tornando cada vez mais frequentes. Diante dessa necessidade, o proprietário do ônibus que estávamos usando retirou os assentos para que pudéssemos transportar mais mercadorias. Nós mesmos empacotávamos os fardos de calçados, dando conta dessa tarefa sozinhos. Durante o inverno, fizemos muitas viagens, embora eu não saiba dizer exatamente quantas.

Depois que a mercadoria foi instalada e classificada no salão de festas, começamos a procurar lojas de calçados locais para vendê-la. Nosso objetivo era claro: não poderíamos ficar com essa mercadoria. Apesar das dificuldades, conseguimos vender uma boa parte, embora não tenha sido fácil. Naquela época, a indústria francesa ainda estava funcionando normalmente e não havia grandes operações militares. Esse período ficou conhecido como a "guerra falsa", durante a qual os exércitos alemão e francês se enfrentaram sem realmente entrar em conflito.

Enquanto esperávamos, sem saber o que exatamente, nossa incompreensão aumentava. No entanto, nossa fé cega em nossos líderes militares e policiais persistiu. Era primavera, mas a situação permanecia inalterada. Meu pai e eu passávamos os dias dirigindo pela região, procurando compradores para nossas mercadorias. Essa busca incessante havia nos transformado, sem que soubéssemos, em comerciantes itinerantes. Essa era a nossa nova realidade, ditada pelas circunstâncias, um papel que nunca havíamos imaginado assumir.

Em maio de 1940, com todas as tensões e restrições que caracterizaram aquele período, e apesar da escassez de gasolina que começava a se fazer sentir, nossa família ainda tinha vales para obter suprimentos. Isso nos poupou de grandes dificuldades. Dirigíamos com cuidado, sem excessos ou desperdícios. Só pegávamos o carro para viagens essenciais, cientes da necessidade de economizar recursos para momentos mais críticos.

Meus pais eram particularmente previdentes. Eles seguiram uma antiga tradição, muito difundida nas famílias judaicas, de guardar um pouco de ouro. O ouro é um porto seguro, oferecendo um certo grau de segurança em caso de turbulência econômica ou social. Eles não queriam vender ou usar esse ouro imediatamente. Eles eram cautelosos com relação ao futuro e, com a iminência de uma guerra, decidiram tomar medidas para preservá-lo.

Então, eles alugaram um cofre em um banco em Orléans. Essa não foi uma escolha insignificante. Orléans era uma cidade estratégica, mais afastada da linha de frente que se aproximava no norte. Se a situação se deteriorasse e fôssemos obrigados a deixar nossas casas, Orléans parecia uma boa opção para uma possível retirada. Era bastante central na França e nos dava tranquilidade diante de tempos incertos.

Em suma, esse período foi marcado pela necessidade de planejar com antecedência, de pensar em medidas de precaução com antecedência para poder lidar com o que o futuro nos reservava. Foi a previsão de meus pais que nos permitiu passar por esses tempos difíceis com um pouco mais de serenidade.

Lembro-me perfeitamente daquela manhã, 10 de maio de 1940, quando meu pai e eu partimos para Orléans. No meio da viagem, nos encontramos na área de Langres, enfrentando uma paralisação total do tráfego. O ar estava pesado com o som de bombas explodindo, um sinal claro da ofensiva alemã que havia começado naquele dia.

A surpresa foi total. Colunas de fumaça subiam aqui e ali, atestando o impacto das bombas. As aeronaves inimigas estavam por toda parte, e podíamos ouvir o assobio característico dos Stukas mergulhando em seus alvos. Depois do que pareceu um tempo interminável, os ataques cessaram e pudemos retomar nossa jornada.

Em Orléans, a missão foi cumprida rapidamente: passar a noite na cidade, alugar um cofre de banco e depois voltar para Gérardmer. O plano inicial deveria ter parecido simples, mas os acontecimentos tomaram um rumo dramático muito mais rápido do que o esperado. Os alemães estavam avançando em uma velocidade incrível. Todos esperavam que o Marne fosse o cenário de outro milagre, como em 1914, mas dessa vez não houve milagre.

Capítulo 3

Junho de 1940. Alistamento

Enquanto isso, o exército havia me chamado. Na verdade, meu contingente deveria ter sido mobilizado em outubro de 1939, mas isso foi adiado devido à falta de equipamentos. Finalmente, fui convocado para o serviço em 8 de junho de 1940, para o 184º regimento de artilharia em Valence.

Os eventos aconteceram muito rapidamente. Paris caiu em 14 de junho, e foi nesse dia que meus pais, juntamente com meu avô idoso, partiram para o êxodo. Uma história tragicamente comum a tantos franceses, fugindo do avanço inimigo. Quando ficaram sem gasolina, acabaram no Cantal, em Albepierre, onde se refugiaram no celeiro de uma certa Madame Jacomi, entre as palhas.

De volta a Valence, fui apresentado à disciplina militar e ao manuseio do canhão de 75 mm, considerado na época como a vanguarda do progresso militar. Então veio o apelo do General de Gaulle em 18 de junho, pedindo que continuássemos a luta a partir da Inglaterra. Isso era impensável para nós: a França se curvando, capitulando diante da Alemanha? E, no entanto, alguns dias depois, o armistício foi assinado. O marechal Pétain tornou-se chefe de governo, e a França que conhecíamos começou a desaparecer diante de nossos olhos.

Pessoalmente, nunca ouvi o apelo do General de Gaulle. No quartel, era impensável que esse apelo, que era considerado sedicioso na época, fosse transmitido. Foi somente por meio de discussões, por meio de trocas entre camaradas, que fomos informados sobre esse evento. Alguns de nós se aventuraram a ir à cidade e foi assim que soubemos que um certo Coronel de Gaulle tinha ido às ondas de rádio de Londres, convocando todos os franceses a se juntarem a ele para continuar a luta pela França, mas do exterior.

Por volta de 18 de junho, essa nova opção, a de resistência além das fronteiras, começou a se tornar conhecida entre nós. No entanto, estávamos tão acostumados a confiar no exército e no governo franceses que não percebemos imediatamente a dimensão do desastre que realmente havia ocorrido. Era uma visão distorcida pela confiança e descrença, mas os fatos estavam lá: o exército francês sofreu grandes perdas e muitos soldados foram capturados pelo inimigo, inclusive três dos meus primos, filhos de uma das irmãs do meu pai.

Foi somente depois disso que percebi a extensão total dos eventos, fossem eles relacionados ao exército, aos prisioneiros ou à situação de minha própria família.

De volta ao quartel de Valence. Um dia, recebemos ordens para nos prepararmos para partir para o sul. Nossa unidade foi carregada em vagões de gado. Nossa esperança coletiva era que fôssemos levados para o norte da África. Lá, pensamos, teríamos a oportunidade de nos juntar às forças de combate e retomar a luta. Essa ideia prevaleceu entre os soldados, a de continuar a luta, mesmo que a França caísse nas mãos dos alemães.

Após o armistício assinado em 22 de junho de 1940, a situação dos judeus na França tornou-se particularmente precária. Como muitos outros judeus na época, minha família e eu não vimos a derrota apenas como uma perda de nossa identidade francesa. Ela também anunciava um perigo iminente para nossa própria existência. As notícias sobre o que estava acontecendo na Alemanha, com a subjugação dos judeus, os campos de concentração, as prisões arbitrárias e os ataques, eram bem conhecidas por nós. Essa realidade era alarmante e, com a derrota da França, a ilusão de que a nação ainda poderia nos proteger estava se dissipando rapidamente.

O Marechal Pétain, por outro lado, era uma figura bem conhecida e respeitada, o "vencedor de Verdun", uma figura emblemática da Primeira Guerra Mundial. Antes da guerra, teria sido difícil para qualquer pessoa suspeitar que ele estivesse colaborando com os alemães. Mas a história logo mostrou como essa crença era ingênua. Uma vez no poder, ele estabeleceu o regime de Vichy, que colaborou com os ocupantes nazistas.

Em minha família e, de modo geral, na comunidade judaica, não havia simpatia por Pétain ou por suas políticas. O apelo de De Gaulle não teve necessariamente um impacto imediato em todos, dado seu escopo inicialmente limitado. No entanto, para os judeus e muitos outros franceses que apreciavam os valores de liberdade e resistência, o apelo foi um vislumbre de esperança, embora distante e incerto naquele momento.

O armistício assinado entre Pétain e os alemães não foi apenas um compromisso militar; foi também o prelúdio de um período sombrio para os judeus. Havia um sentimento crescente de que os alemães não eram apenas inimigos da França, mas também nossos opressores diretos. Com a experiência dos refugiados alemães que chegavam à França, sabíamos o que estava acontecendo e já tínhamos uma compreensão terrível do que poderia ser um regime nazista. Ainda não conhecíamos a extensão total do regime, mas já sabíamos que, para nós, judeus, era um cataclismo.

Eu não confiava no marechal Pétain desde o início. Entre a comunidade judaica em geral, havia uma desconfiança instintiva que era amplamente compartilhada, embora, é claro, possa ter havido exceções. Mas, de modo geral, estávamos cientes dos perigos representados pela nova abordagem do governo em relação à ocupação nazista.

Ao seguirmos para o sul, a esperança fugaz de zarpar para nos juntarmos às forças livres foi rapidamente frustrada. O trem não nos levou a um porto, mas a um campo em Barcarès, onde fomos deixados. Esse campo já havia abrigado refugiados republicanos espanhóis após a vitória de Franco. As condições lá eram mais do que básicas: barracos de madeira plantados na areia e pulgas por toda parte.

Passamos algumas semanas lá, sob o sol escaldante que é tão típico dessa região mediterrânea. As condições eram difíceis, e Barcarès estava longe de ser um lugar para convalescer. No final de nossa estada, fomos transferidos para um vilarejo próximo a Perpignan, onde dormíamos em celeiros. Foi uma pequena melhora, considerando que era verão e as temperaturas podiam ser muito altas.

Quanto aos nossos dias, eles eram desconcertantemente monótonos. A principal ocupação parecia ser matar pulgas, uma luta diária, enquanto o resto do tempo não havia praticamente nada para fazer. A inatividade, a falta de uma perspectiva clara para o futuro, tudo isso contribuía para um sentimento geral de abandono e incerteza sobre o que o futuro nos reservava.

Estávamos estacionados, e a vida cotidiana no campo era marcada por um profundo tédio e uma palpável falta de atividade. Além de manter os alojamentos limpos e controlar as infestações de pulgas, não havia tarefas ou exercícios militares. Nenhum treinamento, nada que se assemelhasse remotamente à preparação para o combate. Foi um período de grande vazio.

Quando fomos transferidos para o pequeno vilarejo de Pia, próximo a Perpignan, nossas condições de vida melhoraram um pouco. Ficamos com a população local, o que significava que tínhamos melhor acesso a produtos frescos, como legumes e ovos. Finalmente, pudemos respirar um pouco depois da promiscuidade do campo de Barcarès.

Foi em Pia que consegui restabelecer contato com minha família. Eu tinha um primo que estava refugiado em Perpignan e, graças a outro primo em Bordeaux, finalmente consegui o endereço dos meus pais no Cantal. Trocamos alguns cartões postais que ainda são muito queridos para mim. Meus pais haviam se mudado do celeiro de Madame Jacomis para o Hôtel de la Croix-Blanche em Murat, que por acaso era a capital da região.

Infelizmente, foi lá que meu avô morreu, em julho de 1940, no hospital Murat. Ele foi enterrado no cemitério da cidade. Por sua vez, meus pais souberam da presença em Montpellier de uma família amiga de Estrasburgo, a família Vinter, que também havia deixado a Alsácia para fugir dos invasores.

Essa rede de contatos entre famílias de refugiados e amigos, espalhados por todo o país, foi essencial para manter uma aparência de coerência em nossas vidas interrompidas pela guerra. Ela nos permitiu manter contato, trocar notícias e apoiar uns aos outros nesses momentos difíceis.

Depois do período passado no pequeno vilarejo perto de Perpignan, meus pais decidiram se mudar para Montpellier. Eles não tinham preferência por nenhum lugar em particular, nenhum vínculo com outro lugar, apenas sabiam que tinham amigos lá. Chegando lá, alugaram um apartamento mobiliado e se instalaram.

De minha parte, de Pia, nosso grupo foi transferido para o forte de Mont-Louis, em Pyrénées-Orientales. Esse forte, construído no século XVII, está situado em uma altitude de 1.800 metros. Embora as condições fossem adversas, o ar era fresco e tivemos uma espécie de cura da montanha por quinze dias, apesar da ausência de atividades militares. Sem armas pessoais, nem mesmo tivemos que montar guarda.

Foi então que recebi o contato dos meus pais em Montpellier, graças ao endereço fornecido pelo meu primo. A comunicação que estabeleci com eles foi um pequeno conforto naqueles tempos incertos.

Mais tarde, de Mont-Louis, fomos transferidos mais ao norte, para uma região árida e montanhosa do Maciço Central, não muito longe de Lodeve, com o objetivo de criar os elementos do Chantiers de Jeunesse. Após o armistício, o exército francês foi em grande parte dissolvido, com exceção de um pequeno exército de armistício formado principalmente por soldados de carreira. Os soldados que não haviam sido capturados foram libertados, exceto aqueles que, como eu, tinham de cumprir o serviço militar.

Capítulo 4

Acampamentos de trabalho para jovens

Os Chantiers de Jeunesse tinham o objetivo de substituir o serviço militar obrigatório para os jovens franceses e inculcar valores de trabalho, camaradagem e disciplina, no espírito do novo regime de Vichy. Foi, portanto, um período de transição e adaptação a uma França transformada pela derrota e pelo armistício, que tentava encontrar seu caminho sob o peso da presença alemã e de um governo colaboracionista.

A turma de 1939, 4º período, da qual eu fazia parte, foi transformada em acampamentos de trabalho para jovens. O objetivo desses campos era preparar os jovens para se tornarem o rosto da nova França, de acordo com os ideais de Vichy de "trabalho, família, país". Eles foram planejados como um retorno à natureza e aos valores fundamentais. Esperava-se que participássemos de trabalhos físicos, como derrubada de árvores e instalação de sistemas de abastecimento de água, a fim de preparar um acampamento para nossa futura residência e, possivelmente, para outras atividades.

Quando chegamos em agosto, fomos alocados em barracas e começamos a limpar o terreno. A vegetação tinha de ser removida e o solo preparado para os locais de nossas barracas permanentes ou cabanas de madeira, que nós mesmos tínhamos de construir. Ao mesmo tempo, precisávamos criar uma área central para reuniões, com um mastro de bandeira.

Cada grupo começou a realizar suas tarefas. Alguns eram mais qualificados do que outros, contribuindo com suas habilidades profissionais adquiridas antes da apelação, por exemplo, como agricultores ou artesãos. Pessoalmente, eu era menos útil em termos de habilidades manuais, pois não tinha experiência como lenhador ou carpinteiro. Portanto, eu me encontrava mais em uma função de apoio, carregando materiais, cavando a terra, entre outras tarefas. Felizmente, tínhamos companheiros mais experientes, principalmente pessoas do mesmo vilarejo de Lorraine que eu.

Vivemos em tendas até dezembro. Depois disso, barracas pré-fabricadas foram entregues a nós. Ajudamos a montá-las e foi em torno desse terreno central que pudemos nos mudar para essas estruturas quando o inverno chegou. Isso marcou uma certa melhora em nossas condições de vida após meses passados em condições precárias mais austeras.

No acampamento de trabalho dos jovens para o qual fui designado, as condições eram rudimentares; sem água corrente ou eletricidade, as instalações eram básicas. Nós nos lavávamos no riacho e, com a chegada do inverno, a água congelava, tornando a tarefa ainda mais árdua e desagradável. O frio era suficiente para dissuadir a maioria de nós de tentar fazer isso todas as manhãs.

Entretanto, apesar dessas condições básicas, fomos poupados de doenças graves. Foi feito um esforço para manter a higiene em um nível aceitável. Por exemplo, naquela época, fomos vacinados contra difteria e outras doenças infecciosas com a vacina TAB (tripla antibacilar), que era comumente dada a jovens de 20 anos na França.

O acampamento era administrado por oficiais militares, com um mínimo de disciplina. O chefe do campo era um tenente, auxiliado por segundos-tenentes ou aspirantes. Em geral, esses homens eram simpáticos e não eram doutrinados pela ideologia de Vichy; alguns eram até mesmo abertamente hostis a Pétain.

Ainda me lembro que, quando estava saindo, o líder do campo, sabendo da minha situação como judeu, ofereceu-se para me ajudar se eu precisasse no futuro - uma oferta que significou muito, especialmente naqueles tempos incertos. Embora eu nunca tenha precisado recorrer a ele, sua oferta permaneceu em minha memória como um gesto de solidariedade.

Os Chantiers de Jeunesse deveriam incorporar um dos elementos centrais da Revolução Nacional defendida por Vichy, com o objetivo de treinar e educar a nova juventude francesa. Em teoria, o objetivo era aproximar esses jovens da terra e do trabalho, mas as realidades práticas e as dificuldades do dia a dia, bem como as atitudes dos líderes dos campos, muitas vezes ofuscavam esses objetivos teóricos.

De fato, nos primeiros meses após a derrota francesa em 1940, o regime de Vichy ainda estava no processo de estabelecer suas políticas e programas. No que diz respeito à nossa experiência nos Chantiers de Jeunesse naquela época, a ênfase estava no gerenciamento de questões imediatas e práticas, como a instalação do campo, o fornecimento de água e outras infraestruturas essenciais.

As atividades de doutrinação política, embora planejadas para se tornarem um componente do programa, ainda não estavam sendo implementadas, ou pelo menos não de uma forma que fosse perceptível para nós. Era apenas o início da Revolução Nacional, e a infraestrutura e a organização eram prioridades mais urgentes.

Quanto ao status dos judeus, que foi promulgado em outubro de 1940, o eco dessa legislação discriminatória não reverberou imediatamente na vida cotidiana de nosso campo. Estávamos ocupados com o trabalho físico e a vida coletiva, e as permissões de fim de semana me permitiam estar com minha família, oferecendo uma fuga dos problemas políticos e uma oportunidade de discutir a situação com meus pais.

Para chegar a Montpellier e à minha família no fim de semana, tive que pegar um caminhão até Lodeve e, em seguida, pegar um pequeno trem de montanha. Foi uma feliz coincidência estar geograficamente perto de meus pais. Essas reuniões eram inestimáveis, não apenas para questões práticas, como lavanderia e suprimentos, mas, acima de tudo, pelo apoio moral e pelas informações que eles podiam me dar sobre a evolução da situação da comunidade judaica.

Durante o período que incluiu o Rosh Hashanah e o Yom Kippur em setembro de 1940, consegui permissão para viajar a Montpellier e participar das comemorações organizadas lá. Um grande hangar foi disponibilizado por um empresário, Elie Cohen, que foi excepcionalmente generoso. Ele ofereceu seu armazém de tecidos para que a comunidade de refugiados judeus pudesse se reunir e orar lá.

A organização dessas reuniões foi liderada pelo capelão militar e rabino Henri Schilli, cuja liderança e palavras tiveram uma influência significativa e um impacto duradouro sobre mim, embora eu não tenha tido a oportunidade de me envolver mais com ele na época. A presença e a atmosfera desses momentos compartilhados com a comunidade judaica deixaram uma forte marca em minha consciência.

Meus pais, que moravam em uma casa mobiliada na rue du Pont Juvenal, perto da estação de Montpellier, faziam parte de uma grande comunidade de refugiados que incluía famílias de várias regiões, como Saint-Dié e Luxemburgo. A casa tinha cerca de vinte apartamentos e havia se tornado um ponto de encontro para essas famílias que buscavam refúgio em meio à turbulência da guerra.

A vida comunitária em Montpellier era rica e o apoio mútuo era fundamental. Foi nessa comunidade que entrei após minha libertação do campo de jovens no início de 1941. Isso marcou um novo capítulo em minha vida, uma época em que pude me envolver mais profundamente na vida judaica local e testemunhar em primeira mão os efeitos das políticas antissemitas do regime de Vichy sobre a comunidade de refugiados.

Quando retornei a Montpellier, em fevereiro de 1941, a comunidade de refugiados judeus se deparou com as novas realidades impostas pelo regime de Vichy em relação ao status dos judeus. Para muitos, como refugiados recém-chegados e ainda não integrados profissionalmente à região, essas medidas não tiveram um impacto tão direto quanto tiveram em profissões mais estabelecidas, como professores ou funcionários públicos.

No entanto, uma das consequências mais palpáveis do status dos judeus foi a introdução do numerus clausus nas universidades, que restringiu o acesso de muitos estudantes judeus ao ensino superior. Esse elemento discriminatório criou dificuldades para aqueles que desejavam empreender ou continuar seus estudos e, portanto, representava parte do futuro da comunidade judaica.

Entretanto, apesar dessas restrições, a resiliência da comunidade judaica de Montpellier era evidente. A família Winter, por exemplo, que tinha um negócio de tecidos em Estrasburgo, conseguiu reabrir uma loja e se esforçou para manter um grau de estabilidade econômica e, ao mesmo tempo, oferecer apoio significativo aos refugiados judeus. Sua casa se tornou um ponto de encontro e um local de conforto para muitos.

Quanto ao movimento Éclaireurs Israélites (EI), ele continuou a desempenhar um papel fundamental para a juventude judaica da cidade, com Raymond Winter e minha irmã Simone envolvidos na liderança de grupos de escoteiros. Ao mesmo tempo, a Jeunesse Juive de Montpellier (JGM), liderada por André Blum, também refugiado, demonstrou a determinação dos jovens apesar das restrições impostas pelo numerus clausus. O próprio André Blum havia conseguido se matricular em medicina na Universidade de Montpellier.

Nesse contexto difícil, a adaptabilidade e o apoio da comunidade foram, portanto, essenciais para diminuir o impacto das políticas antissemitas e manter um vínculo social e cultural duradouro com a população judaica refugiada.

Quando fui desmobilizado do Chantiers de Jeunesse em janeiro, não fui particularmente celebrado ou homenageado. Recebi apenas um certificado de dispensa e desejaram-me boa sorte para o futuro. Lembro-me das palavras do tenente que expressou seu apoio pessoal a mim e ofereceu sua ajuda se eu precisasse. Foi um gesto destinado a mim como indivíduo, e não como representante de uma instituição ou de um sentimento geral.

No que diz respeito ao antissemitismo, não sofri nenhuma hostilidade específica ou discriminação evidente nos campos de trabalho. Até onde sei, eu era o único judeu na minha seção, que contava com cerca de 120 pessoas.

De volta a Montpellier, a questão era qual caminho seguir, especialmente devido às poucas oportunidades disponíveis. A situação era complexa, com horizontes profissionais e pessoais incertos sob o regime de Vichy, especialmente para um jovem judeu como eu.

Capítulo 5

Organização sob Vichy

Depois de deixar o campo de trabalho para jovens no início de 1941, enfrentei um futuro incerto. Sem o bacharelado, o acesso ao ensino superior estava impedido de qualquer maneira, especialmente porque as restrições impostas pelo regime de Vichy teriam tornado improvável o ingresso na universidade para um judeu como eu.

Era uma época conturbada, marcada pelas notícias da guerra no norte da África e na Síria. Os confrontos em torno de Benghazi, com suas ofensivas e contra-ofensivas, cativaram nossa atenção e tentamos acompanhar o desenvolvimento do conflito com os meios de informação disponíveis, apesar dos censores.

Ouvíamos clandestinamente as transmissões de rádio de Londres e da França Livre, que eram estritamente proibidas pelo governo de Vichy. Apesar do perigo, em nosso círculo, ouvir esses boletins às 9 horas da noite havia se tornado uma rotina, um momento sagrado em que nos mantínhamos informados. Essas transmissões nos traziam notícias do mundo exterior e representavam apoio moral, um elo com as forças que lutavam contra a ocupação nazista.

No entanto, nosso otimismo foi atenuado pela realidade da situação. Estávamos cientes de que os alemães estavam longe de ser derrotados; pelo contrário, sua ofensiva contra a Inglaterra continuava em ritmo acelerado. Os jornais, controlados pelas autoridades de Vichy, transmitiam essa propaganda e tínhamos que ler nas entrelinhas para tentar entender o que realmente estava acontecendo.

Nesse contexto, e apesar da incerteza, tentamos nos manter firmes, encontrar maneiras de continuar com nossas vidas enquanto esperávamos um resultado favorável para esse período sombrio da história.

As informações que recebíamos pelo rádio, embora oferecessem um vislumbre do mundo exterior e um certo grau de conforto, nem sempre eram suficientes para contrabalançar a onipresença da guerra e seu impacto em nossas vidas diárias. Sabíamos que os riscos eram altos e que o resultado da guerra determinaria nosso futuro.

Os dias giravam em torno do gerenciamento das necessidades básicas e das restrições impostas pelas forças de ocupação e pelo regime de Vichy. Nossa principal preocupação era a busca por alimentos: longas filas para comprar legumes e outros gêneros alimentícios, tíquetes de pão e filas para comprar leite ocupavam uma parte significativa do nosso tempo.

Apesar dessas circunstâncias difíceis, olhamos para o futuro com esperança, graças à perspectiva de emigração. Um tio, irmão da minha avó, que morava nos Estados Unidos, estava preparado para nos enviar declarações juramentadas, os documentos de que precisávamos para entrar nos Estados Unidos. Assim, meus pais começaram a considerar seriamente a opção de emigração. Em antecipação, eu me dediquei a aprender inglês para nos preparar para uma possível nova vida longe da guerra e da perseguição, na esperança de redescobrir a segurança e a estabilidade.

Portanto, aprender inglês se tornou um dos meus principais objetivos, tanto para minha educação pessoal quanto para emigrar para os Estados Unidos, que estava surgindo como um possível caminho para a liberdade. Meu pai e eu fizemos várias viagens a Marselha para visitar o consulado americano, na esperança de avançar em nosso caso de imigração, aproveitando o fato de que os Estados Unidos ainda não haviam entrado na guerra e que um consulado ainda estava em funcionamento em solo francês.

No entanto, a obtenção das declarações juramentadas e dos vistos necessários se mostrou um caminho difícil. O processo administrativo foi consideravelmente retardado pela alta demanda e pelos procedimentos burocráticos. As filas eram longas e não era incomum ter de voltar outro dia quando nossa vez chegava tarde demais e o consulado fechava.

Esse processo continuou durante 1941 e 1942 e, infelizmente, quando as declarações juramentadas finalmente chegaram, já era tarde demais. Em 8 de novembro de 1942, os alemães invadiram a zona livre da França e as restrições de viagem se intensificaram, impossibilitando a emigração. Todas as nossas esperanças e esforços para deixar a França foram frustrados pelo avanço das tropas alemãs, e ninguém podia deixar o país, quer tivesse visto ou não. Tudo o que havíamos tentado fazer não deu em nada.

O aprendizado do idioma tornou-se um aspecto positivo e duradouro desse período de incerteza. Embora nossos planos de emigrar para os Estados Unidos tenham fracassado, o inglês que aprendi naquela época ficou comigo. Com a esperança mudando e os vistos demorando a chegar, o espanhol foi adicionado ao meu aprendizado, alimentando uma nova estratégia de fuga: atravessar ilegalmente da Espanha para a Inglaterra para me juntar às Forças Francesas Livres do General de Gaulle. Até comecei a ensinar espanhol para alguns alunos, o que me deu a oportunidade de compartilhar minhas novas habilidades no idioma.

Capítulo 6

Uma compreensão mais profunda do judaísmo

Esse período também foi marcado por uma ampliação da minha compreensão do judaísmo. Em Montpellier, descobri uma comunidade sefardita ativa que adorava em um pequeno culto adaptado ao seu tamanho durante todo o ano. Esse ambiente íntimo oferecia um lugar onde um compromisso harmonioso entre sefarditas e ashkenazim, estes últimos recém-chegados, permitia uma coexistência serena.

Nos principais festivais judaicos, as celebrações sefarditas eram realizadas separadamente, de acordo com suas tradições. Eles tinham seu próprio serviço que atendia às suas necessidades específicas. Essa descoberta de uma maneira diferente de viver o judaísmo, diferente daquela conhecida na Alsácia ou em Estrasburgo, enriqueceu minha visão da religião e da cultura judaicas, acrescentando uma nova dimensão à minha identidade como judeu.

Por isso, durante vários meses, procurei vigorosamente esses cursos de idiomas. Também tive a sorte de ser ensinado por um judeu de origem polonesa, que me deu um conhecimento profundo da gramática hebraica e do próprio idioma hebraico. Tive a companhia de amigos da minha idade que compartilhavam desse interesse e paixão pelo aprendizado e, juntos, desenvolvemos certa fluência e ouvido para o hebraico, o que se mostrou crucial para minha futura capacidade de entender e me expressar no idioma.

Esse período de aprendizado intensivo de idiomas não foi apenas uma questão de adquirir habilidades pedagógicas, mas também uma verdadeira redescoberta e afirmação de minha identidade judaica. Isso ocorreu em um contexto em que as questões de identidade estavam intrinsecamente ligadas a eventos históricos e a uma crescente consciência coletiva entre os judeus de todo o mundo.

Se isso fazia parte de uma orientação sionista ou simplesmente de uma redescoberta da identidade judaica, pode ser difícil de distinguir, pois essas noções tendem a se sobrepor, especialmente no contexto da época. O aprendizado do hebraico assumiu uma dimensão simbólica e prática, tanto como um meio de se conectar com uma história e cultura milenares quanto, possivelmente, como uma preparação para o uso futuro do idioma em um contexto sionista, caso surgisse a oportunidade ou a necessidade de aliyah (emigração para a Palestina judaica, que mais tarde se tornaria Israel).

Esse período foi marcado por uma verdadeira revelação: eu estava descobrindo outra face do judaísmo, muito distante daquela que eu havia conhecido durante minha infância. Conheci judeus retirados de Paris, de origem polonesa e, acima de tudo, judeus sefarditas da antiga comunidade de Montpellier, a maioria deles de origem salônica, ou seja, da cidade de Tessalônica, na Grécia.

Quando digo "sefardita", devo deixar claro que esse termo não se refere aos judeus do norte da África, embora seja comumente usado nesse sentido. Os sefarditas de que estou falando vieram de uma corrente muito específica da história judaica, ligada ao Império Otomano e às trocas culturais do mundo mediterrâneo.

Uma figura que chamou particularmente minha atenção foi Elie Cohen, um próspero comerciante de Montpellier. Como muitos outros membros dessa comunidade sefardita, ele havia se beneficiado da educação oferecida pela Alliance Israélite Universelle, uma organização francesa que havia criado uma rede de escolas para judeus do Oriente. Portanto, apesar de suas origens orientais, esses judeus falavam francês perfeitamente e estavam perfeitamente integrados à vida local francesa.

Ao confrontar essas diferentes facetas do judaísmo, percebi quão específica e limitada era minha experiência de vida judaica, como judeu da Alsácia. Nossas vidas eram centradas principalmente em nossa integração como judeus franceses em uma região específica da França.

No iídiche falado em casa ou nas reuniões da comunidade, nas tradições e nos ritos específicos praticados nos feriados religiosos.

Em contrapartida, a vida judaica das pessoas do Leste Europeu parecia muito mais enraizada em uma consciência judaica global, mais independente do contexto nacional ou regional. Sua identidade judaica estava no centro de sua existência, não era apenas um componente entre outros.

Conheci algumas personalidades fascinantes entre eles, como o magistrado Gnoun, que havia perdido seu emprego como resultado da aplicação do status dos judeus, ou o presidente Uziel, um nome tipicamente sefardita de Salônica.

Porém, mais do que um choque cultural, esse encontro com outras formas de judaísmo também foi um despertar espiritual e intelectual para mim. Pela primeira vez, percebi a extensão de minha própria ignorância sobre o judaísmo. Isso me deu um profundo desejo de aprender e me aprofundar na história e na cultura judaicas.

Foi a paciência e a abertura do Rabino Schilli que inspiraram meu desejo de aprender. Foi um ponto de virada em minha vida, um momento em que comecei a me abrir para horizontes muito mais amplos.

Todos os sábados à noite, nos reuníamos com o grupo da Juventude Judaica de Montpellier e, aos domingos, fazíamos passeios em grupo. Nós nos revezávamos para dar palestras sobre diferentes assuntos. Pediram-me para dar uma palestra sobre Maimônides. Fui à biblioteca e encontrei o livro de Munk sobre Maimônides, uma obra em francês do século passado. A preparação dessa palestra, embora tenha sido muito desajeitada e básica, permitiu que eu descobrisse Maimônides e me abrisse para um aspecto totalmente novo do judaísmo.

É claro que também discutimos a Palestina, o sionismo e uma série de outros tópicos relacionados ao mundo judaico. Isso nos ajudou a ampliar nossos horizontes e a entender melhor a amplitude e a complexidade da experiência judaica.

Capítulo 7

Aprenda a fazer sapatos

Deve-se observar também que havia um grupo de jovens sionistas em Montpellier. No entanto, a Juventude Judaica de Montpellier era um pouco heterogênea e um microcosmo da diversidade judaica. Esses anos foram fundamentais para formar a base de minha consciência judaica e nutrir meu desejo de aprender mais sobre a cultura e a história judaicas.

Assim, cada grupo tinha suas próprias atividades específicas, mas também participava das atividades da Juventude Judaica de Montpellier. Isso criou uma certa forma de unidade, o que foi extremamente positivo. No entanto, isso não foi suficiente para esclarecer a direção que meu futuro tomaria.

Com o conselho e a concordância de meus pais, decidi ir para uma escola profissionalizante em Romand, no Drôme, para aprender a fazer sapatos. Dada a impossibilidade de os judeus terem acesso à educação ou ao comércio devido às restrições impostas pelo estatuto dos judeus, parecia necessário encontrar uma maneira de ganhar a vida. Ninguém sabia quanto tempo a guerra duraria ou quanto tempo o Estatuto dos Judeus estaria em vigor. Portanto, era importante se preparar para o futuro e desenvolver habilidades e conhecimentos que seriam úteis independentemente das circunstâncias.

Portanto, foi essa solução que acabou sendo adotada. Em 1º de janeiro de 1942, parti para Romans, no Drôme. Na época, a família do meu primo Hubert Hallel estava morando em Montélimar. Depois de deixar Gérardmer no rastro da Depressão, eles passaram alguns meses em Paris antes de se estabelecerem em Montélimar. Durante seis meses, aprendemos a fazer sapatos à mão - a arte da sapataria, usando linha poissé e fazendo sapatos com pedaços de couro.

No verão de 1942, entrei em contato com uma fábrica de calçados em La Tour-du-Pin, que havia sido fornecedora do meu pai, para ver se eu poderia fazer um estágio de dois meses na empresa. Minha intenção, então, era continuar meu aprendizado de sapateiro na escola de Nîmes.

Em Nîmes, perto de Montpellier, comecei um capítulo importante da minha vida: meu aprendizado na arte de fazer sapatos. Era uma escola profissionalizante que também funcionava como oficina mecânica. Eu havia escolhido uma fábrica em La Tour-du-Pin, na região de Isère, para aprender sobre máquinas. Passei dois meses lá no verão de 1942, um período crucial e formativo.

Lá, eu não fazia sapatos prontos, mas sim esboços e protótipos. Meus dias eram dedicados a aprender o básico: cortar as solas com precisão com a valetadeira, preparar meticulosamente a ranhura para a costura, fazer furos com o punção para a linha poissé. Cada gesto era um aprendizado fundamental, que me proporcionava habilidades artesanais preciosas.

Embora esse aprendizado tenha sido extremamente gratificante, eu sempre me perguntava sobre a direção que esse caminho tomaria. Seria um fim em si mesmo ou simplesmente um passo em direção a algo maior? Apesar dessas perguntas, eu sabia que, no fundo, essas habilidades, esses momentos passados moldando sapatos em branco, iriam forjar parte da minha identidade e da minha carreira.

Estávamos no verão de 1942. Naquela época, na França, começaram as primeiras prisões de estrangeiros. Fomos diretamente afetados. Quando retornei a Montpellier, no final de agosto de 1942, as prisões já haviam ocorrido. Muitos judeus haviam sido presos, embora alguns tivessem conseguido se esconder. Lembro-me de um evento em particular: uma viagem ao campo de concentração, ou melhor, ao campo de concentração de Agde, localizado a cerca de trinta ou quarenta quilômetros de Montpellier. Pediram-nos que coletássemos alimentos dos membros de nossa comunidade - biscoitos, frutas secas, chocolate, tudo o que fosse possível - para levar aos internados no campo de Agde.

O rabino Schilly havia organizado para que eu e alguns outros jovens visitássemos os internados no campo de Agde. Uma das imagens mais marcantes dessa visita, que nunca esquecerei, foi a de um trem pronto para partir para Drancy. Na porta de um vagão, um homem que reconheci dos cultos em Montpellier estava de pé, envolto em seu Talit, com o Tfilin na cabeça, orando. Essa imagem está gravada em minha memória.

Distribuímos os alimentos que havíamos trazido conosco. Naquela época, não sabíamos nada sobre a "solução final", mas sabíamos que o destino das pessoas levadas não seria invejável. Não sabíamos quem voltaria ou em que condições os sobreviventes retornariam.

Nossas ações, como coletas e visitas ao campo de Agde, não se limitaram ao contexto do Grande Rafle. Elas faziam parte de um esforço mais amplo, envolvendo várias organizações e indivíduos. As atividades em campos como Agde, Rivesaltes e Gurs foram organizadas por várias entidades, incluindo a OSE (Œuvre de Secours aux Enfants) e outras organizações de ajuda. Entre as principais figuras estavam os capelães dos campos, o rabino-chefe Hirschler, que havia sido deportado, e o rabino-chefe Schilli, ambos muito ativos nesse trabalho.

Quanto ao nosso grupo de estudos de Montpellier, não estávamos envolvidos como um grupo formal. Quando surgia uma necessidade, chamávamos qualquer pessoa que pudesse ajudar. Assim, qualquer pessoa que estivesse disponível e quisesse participar o fazia, independentemente de pertencer a um grupo ou a outro.

Não conheci pessoalmente nenhum fugitivo dos campos de Agde ou Gurs. Em geral, aqueles que conseguiam escapar desses campos eram imediatamente escondidos em lugares distantes das cidades por motivos de segurança.

Um ator importante na libertação de pessoas dos campos de concentração foi o rabino Richelieu. Ele tinha contatos influentes, especialmente por meio de seu conhecimento de um certo Camille Ernst, secretário-geral da prefeitura de Montpellier. Ernst, um homem de dedicação notável, desempenhou um papel crucial na obtenção de muitas libertações dos campos, que estavam sob sua jurisdição administrativa. Graças a seus esforços, muitas pessoas, especialmente judeus, foram libertadas e devem suas vidas a ele.

Sua contribuição excepcional foi reconhecida em 1972, quando ele foi homenageado no Yad Vashem, o Memorial do Holocausto em Jerusalém, com a medalha Righteous Among the Nations (Justos entre as Nações) por sua inestimável ajuda e coragem.

Eu sabia que as prisões tinham como alvo principal os judeus estrangeiros, mas a situação preocupava a todos nós. Em Montpellier, muitos judeus estrangeiros estavam escondidos. Meu primeiro envolvimento em atividades clandestinas remonta a setembro de 1942, quando comecei a levar comida aos judeus escondidos.

Capítulo 8

Início das atividades clandestinas

Naquela época, as atividades clandestinas estavam apenas começando a ser organizadas. Raymond Winter, o chefe dos Éclaireurs Israélites (EI), já estava envolvido no fornecimento de carteiras de identidade falsas para os que estavam escondidos. Esse foi o início dessa atividade em nossa área.

Esses esforços dependiam da 6ª diretoria do EI, que fazia parte da estrutura mais ampla da Jewish Works. Essa 6ª diretoria era responsável pela educação e servia, pelo menos nominalmente, como cobertura para as atividades clandestinas do EI. Essas atividades eram cruciais para ajudar e proteger aqueles que estavam em perigo devido às políticas da época.

O "Sexto" fazia parte dos Éclaireurs Israélites (EI) e era uma organização de resistência criada e dirigida por eles. Juntamente com suas atividades de resistência, o EI administrava uma rede de escolas agrícolas com o objetivo de oferecer educação, um aspecto frequentemente mencionado na literatura sobre esse período.

No que se refere à distribuição de alimentos ou à ajuda aos refugiados escondidos, minha função consistia em coletar latas de alimentos preparadas em um local específico e depois levá-las aos esconderijos dos judeus em fuga. Eu também tinha de transmitir mensagens ou solicitações das pessoas responsáveis por esses esconderijos. Esse trabalho era uma parte essencial da ajuda aos que estavam escondidos, permitindo que ficassem fora de vista enquanto recebiam o apoio necessário para sobreviver a esses tempos difíceis.

Eu tinha endereços precisos. O número de pessoas para as quais eu fornecia alimentos não era muito grande; pessoalmente, eu era responsável por três pessoas para as quais eu levava alimentos por alguns dias antes de minha partida para Nîmes. Depois, passei minhas responsabilidades para outra pessoa que assumiu o controle.

Havia uma organização central, cujos detalhes não me lembro, que era responsável por encontrar os ingredientes necessários, preparar as refeições e deixá-las prontas para distribuição. Minha função era simplesmente coletar essas refeições preparadas e levá-las às pessoas que estavam escondidas.

De minha parte, parti no início de outubro para Nîmes, para ingressar na escola de calçados. Isso marcou um ponto de virada em meu compromisso durante esse período.

Em Nîmes, para onde fui em seguida, o ano letivo já havia começado. Minha experiência lá foi uma nova etapa em minha carreira durante esse período.

O dia 8 de novembro de 1942 marcou um ponto de virada crucial: os desembarques dos Aliados no norte da África. Após esse evento, os alemães invadiram a zona sul da França, que até então oferecia relativa proteção aos judeus franceses. Essa invasão mudou a situação, colocando-nos em perigo direto com a presença alemã e a Gestapo.

Diante dessa nova ameaça, saí imediatamente de Nîmes para voltar a Montpellier. Lá, tive que me fazer uma pergunta urgente: o que devo fazer agora? A conclusão foi que deveríamos tentar fugir para a Espanha antes que os alemães chegassem à fronteira. Raymond Winter, que mencionei anteriormente, conhecia um contrabandista que poderia nos ajudar.

Assim, na manhã de 8 de novembro, retornei a Montpellier e, apenas três horas depois, já estávamos em um trem com destino a Perpignan, prontos para iniciar nossa tentativa de atravessar para a Espanha, buscando escapar da ocupação alemã.

Raymond Winter, André Blum (um estudante de medicina), eu e mais um ou dois jovens cujos nomes me escapam, formamos um pequeno grupo nessa tentativa de fuga. Infelizmente, nossa chegada a Perpignan coincidiu com a chegada das tropas alemãs. O barqueiro, cujo endereço Raymond Winter tinha, não foi encontrado em lugar algum.

Diante dessa situação delicada e da incerteza de encontrar outro contrabandista confiável e seguro, decidimos não continuar nossa tentativa de atravessar para a Espanha. Portanto, optamos por retornar a Montpellier, aceitando esse fracasso.

Essa tentativa de fuga foi uma iniciativa totalmente particular, sem vínculo com nenhuma organização ou movimento. A propósito, durante nossa curta estada em Perpignan, visitamos meus primos que ainda moravam lá. Tivemos a oportunidade de compartilhar uma pequena refeição noturna com eles e nos refrescar antes de pegar o trem noturno de volta para Nîmes. Foi um momento de descanso em um período marcado pela incerteza e pelo perigo.

Durante nossa estada em Perpignan, não tentamos encontrar um contrabandista. Faltavam-nos informações e contatos locais. Além disso, como estrangeiros em Perpignan, não tínhamos nenhum contato local que pudesse nos ajudar. Até perguntei ao meu primo se ele conhecia alguém, mas ele não pôde nos ajudar.

Era essencial ter um endereço confiável e garantias de segurança. Sem isso, o risco de encontrar uma pessoa inescrupulosa que poderia nos entregar diretamente à polícia era muito alto. Infelizmente, muitas tentativas de atravessar para a Espanha acabaram em detenção, prisão ou até mesmo transferência para o campo de Drancy, muitas vezes após serem torturados.

Nesse contexto, nossa decisão de não continuar nossa tentativa e retornar a Montpellier e depois a Nîmes, embora triste, foi provavelmente a mais sábia. A situação era extremamente perigosa e era crucial não agir precipitadamente sem garantias de segurança.

Os prisioneiros de guerra franceses na Alemanha durante a Segunda Guerra Mundial incluíam judeus. Cerca de um milhão de soldados franceses, incluindo um número significativo de judeus, foram mantidos como prisioneiros de guerra.

O que é notável, e quase inexplicável, é que esses judeus, embora estivessem vestindo uniformes franceses e mantidos em campos de prisioneiros na Alemanha, sobreviveram aos cinco anos do regime de Hitler sem sofrer nenhuma perseguição específica como judeus. Em geral, eles voltaram para casa em boas condições e saúde. Essa situação é excepcional e desconcertante, pois difere bastante do destino trágico sofrido pela maioria dos judeus sob o regime nazista.

Essa anomalia, que permanece em grande parte inexplicada, é vista por muitos como um evento milagroso em um período marcado por grande brutalidade e intensa perseguição aos judeus. Não há uma explicação clara para essa "anomalia benéfica", o que acrescenta uma camada de mistério à complexa e muitas vezes sombria história desse período.

Entre os muitos prisioneiros de guerra judeus, eu tinha três primos, três irmãos. Um deles teve a sorte de ser repatriado em 1942 e se reunir com sua família, enquanto os outros dois permaneceram em cativeiro até o fim da guerra. Esses prisioneiros puderam receber encomendas de suas famílias, graças aos cartões de endereço que elas lhes enviavam. Esses pacotes foram um apoio crucial para eles durante o cativeiro, e suas famílias fizeram o possível para enviar tudo o que podiam.

Em 1942, os judeus também precisavam ir à delegacia de polícia para que suas carteiras de identidade recebessem o carimbo de "judeu". Devido à falta de carimbos oficiais, alguns lugares usavam uma inscrição manual, como pode ser visto em minha própria carteira de identidade. Essa medida foi outra manifestação do horror e da discriminação sistemática que os judeus tiveram de suportar naquela época, um lembrete tangível da opressão sofrida sob o regime nazista e a colaboração da administração francesa.

Em Nîmes, no início do inverno de 1942, minha vida girava em torno de várias atividades. É claro que havia o aprendizado na escola de calçados, que, embora não fosse muito anedótico, fazia parte do meu cotidiano. Ao mesmo tempo, eu participava ativamente do movimento juvenil, que era outra faceta importante da minha vida naquela época.

Um aspecto particularmente enriquecedor da minha estada em Nîmes foi o encontro com o Rabino Soal. Graças a ele, tive a oportunidade de continuar meus estudos e aperfeiçoar minhas habilidades em várias áreas de estudos judaicos. Em particular, o Rabino Soal me ensinou sobre a liturgia dos festivais, um aspecto da prática e da cultura judaica que me interessou muito.

Esse período em Nîmes, apesar do difícil contexto de guerra e ocupação, foi uma época de crescimento pessoal e de comprometimento com meus estudos e com a vida da comunidade judaica.

Antes de minha estada em Nîmes, em Montpellier, tínhamos um hazan (cantor) notável da pequena comunidade de Insvillers, na Alsácia. Seu nome era Monsieur Roth. Ele desempenhou um papel importante em nossa comunidade, principalmente ensinando tefilah (oração) a um grupo de jovens, inclusive eu.

O Sr. Roth nos ensinou os fundamentos da tefilah de forma completa e metódica. Graças a esse aprendizado, aqueles de nós que tiveram o privilégio de acompanhar suas aulas puderam, por sua vez, ensinar a oração a outros alunos. Seu ensino não se limitava à simples recitação de orações; envolvia uma compreensão mais profunda de seu significado e de seu papel em nossa prática religiosa.

O Sr. Roth também estava envolvido na vida musical da comunidade. Ele organizou um pequeno coral para acompanhar as celebrações festivas, nas quais ele e seu pai, também um hazan, lideravam a apresentação do tefilot. Essa experiência não apenas enriqueceu minha compreensão da liturgia judaica, mas também criou um senso de comunidade e compartilhamento em torno da tradição e da cultura judaicas em Montpellier.

Quando tive que ir à prefeitura para colocar o selo "judeu" em minha carteira de identidade, lembro-me de uma sensação profundamente desagradável. É difícil expressar a natureza exata de minhas emoções naquele momento, mas foi uma experiência nada agradável.

Conscientemente, reagi rapidamente a essa situação declarando a perda de minha carteira de identidade. Isso me permitiu obter uma nova, sem o carimbo "judeu". Essa nova carteira se tornou meu principal documento de identificação quando eu viajava. Nunca usei ou mostrei a carteira com o carimbo de "judeu".

Essa estratégia foi uma maneira de navegar em um contexto em que o estigma e o perigo eram onipresentes para os judeus. Ela reflete os desafios diários que enfrentamos e as medidas que tivemos de tomar para preservar nossa segurança na medida do possível.

Durante o inverno em Nîmes, apesar da presença alemã e do toque de recolher imposto todas as noites, a vida transcorreu com relativa calma. Um dos destaques desse período foi a presença do rabino-chefe Ernest Weil, Zerech Tzadik Livracha, de Réguisheim. Todas as manhãs, ele realizava uma tefila (oração) em seu grande apartamento.

Lembro-me claramente de que meu primo Hubert e eu assistíamos regularmente a essas orações matinais na casa do rabino-chefe Ernest Weil. Eram momentos especiais, reunindo uma sala cheia de judeus de todas as origens. Era uma época em que a comunidade judaica, apesar das circunstâncias difíceis, encontrava uma maneira de se unir e manter suas tradições e práticas.

Eu havia aprendido a ler certos elementos da Torá e, entre os jovens, organizávamos uma tefilá nas tardes de Shabat. Essas reuniões me deram a oportunidade de colocar em prática meus conhecimentos adquiridos. Isso foi importante para mim, pois me permitiu contribuir para a vida religiosa de nossa comunidade e fortalecer minha conexão com minha fé e cultura nestes tempos incertos.

Com relação à noção de "hazara b'chouva" (retorno à fé), eu não descreveria minha experiência em Nîmes como um hazara b'chouva no sentido estrito. Em vez disso, eu a consideraria como um processo de aquisição de conhecimento que naturalmente levou a uma evolução em minha prática e comportamento.

Esse processo foi mais do que apenas a aquisição de conhecimento teórico. Envolveu a aplicação prática do que eu estava aprendendo. Isso afetou a maneira como eu vivia minha fé diariamente, mesmo que não observasse todas as mitzvot (mandamentos). Foi um caminho gradual para uma maior observância e uma compreensão mais profunda de minha religião e de suas práticas.

Nesse sentido, o que vivenciei foi um acesso ao conhecimento religioso, acompanhado de um compromisso crescente com as práticas e tradições judaicas. Foi uma jornada pessoal rumo a uma prática religiosa mais profunda e comprometida, influenciada pelas circunstâncias e pelo ambiente em que me encontrava na época.

Na primavera de 1943, eu estava diante de uma missão delicada. Jean-Jacques Rhein, chefe da 6ª Seção em Nîmes, havia me abordado com uma tarefa especial. Ela envolvia a escolta de dois jovens, um rapaz e uma moça, que eram estrangeiros em nosso país e falavam muito pouco francês. Eles haviam recebido documentos falsos que mostravam que não eram judeus. Essa precaução havia se tornado necessária em Nice e arredores, após uma mudança surpreendente e imprevista.

A situação mudou radicalmente quando os alemães entraram na zona livre em 8 de novembro de 1942. Nessa nova configuração, os italianos controlavam uma parte da zona que se estendia do Rhône até os Alpes. Nossa viagem para Nice, então sob ocupação italiana, foi repleta de incertezas e perigos.

Capítulo 9

Nice

A área que tínhamos que atravessar estava essencialmente sob o controle do exército italiano. Enquanto isso, os alemães mantiveram seu controle na fronteira com a Suíça e na região de Marselha, embora a influência italiana tenha começado um pouco a leste de Marselha, depois de Toulon, incluindo Nice.

O que distinguia particularmente os italianos nesse contexto era sua atitude em relação aos judeus. Ao contrário dos alemães e da polícia francesa, eles ofereceram uma forma de proteção. Essa política criou um refúgio, atraindo muitos judeus ameaçados para essa zona de segurança, que incluía Nice e seus arredores, além de outras regiões, como Grenoble, Megève e Saint-Gervais.

Esse refúgio parecia quase irreal em meio ao caos da guerra, mas havia se tornado um farol de esperança para muitos. Eu sabia que nossa viagem para essa área, embora repleta de armadilhas, era vital para a segurança dos dois jovens que eu estava acompanhando. Em breve, contarei mais sobre nossa viagem a essas cidades, especialmente Saint-Gervais.

Viajei de trem com esses dois jovens, atravessando uma zona controlada pelos alemães, uma passagem perigosa entre Marselha e Aubagne. Felizmente, o controle ocorreu sem problemas. Quando chegamos a Nice, eu tinha um endereço preciso: 30 boulevard Dubouchage. Lá me deparei com uma visão que era completamente nova para mim. Grupos de judeus reunidos na rua, falando iídiche e animados por discussões animadas. O local, uma sinagoga, estava fervilhando de atividade. O proprietário, insatisfeito com a agitação, havia criticado a administração por transformar o local de oração em uma espécie de estação de trem. Na verdade, era um ponto de encontro para os judeus que chegavam a Nice.

A cidade em si me seduziu. Era primavera, e Nice estava exibindo toda a sua beleza. Comecei a considerar a possibilidade de não passar minha velhice em Nîmes, atraído pelo charme e pela vitalidade dessa nova cidade. De volta a Nîmes, deparei-me com uma nova tarefa. A comunidade judaica local precisava de matzot, o tradicional pão sem fermento da Páscoa, que não podia ser encontrado em Nîmes, mas estava disponível em Nice. Como já havia viajado para Nice, pediram-me que voltasse e trouxesse alguns.

Antes de continuar, preciso voltar um pouco no tempo. Depois de 8 de novembro de 1942, com a ocupação da zona livre pelos alemães, a situação em Nîmes, especialmente para os refugiados judeus, tornou-se precária. O medo tomou conta da comunidade. Muitos fugiram, inclusive meus pais. Eles deixaram a cidade com alguns vizinhos, refugiando-se em um caminhão para chegar a um pequeno vilarejo no Aveyron chamado Camarès.

Esses eventos marcaram um ponto de virada na vida de nossa pequena comunidade. Diante dessas reviravoltas, eu me vi fazendo malabarismos entre minhas responsabilidades em Nîmes e minhas viagens a Nice, refletindo a incerteza e a precariedade daqueles tempos. Meus pais e minha irmã, diante da necessidade de fugir, empacotaram o máximo que puderam de seus pertences. Eles encontraram refúgio em Camarès, no Aveyron, onde alugaram um pequeno apartamento mobiliado. Eles não estavam sozinhos lá; outras famílias judias haviam se mudado para lá, algumas tendo fugido ao mesmo tempo que eles. Com a aproximação da Páscoa, essas famílias, assim como as de Nîmes, precisavam de matzot.

Nesse contexto, eu era responsável por comprar matzot para eles. Então, voltei para Nice, comprando o pão ázimo em uma grande cesta de vime. A viagem de volta foi tranquila, o que me permitiu distribuir os matzot para a comunidade de Nîmes. Além disso, eu havia preparado um pacote especial para os judeus de Camarès, que também consegui entregar a eles.

Esses esforços para fornecer matzot eram muito mais do que um simples gesto de solidariedade; eles representavam um elo vital com a tradição e uma forma de resistência diante de um mundo em convulsão. Aproveitei meu tempo em Nice, durante o que chamo de "a estadia das matzot", para procurar emprego em uma fábrica de calçados.

Tive a sorte de encontrar um emprego como ajustador de calçados com um certo Sr. Mario Simon na rue Ribotti. Ele esperava que eu começasse imediatamente, mas eu lhe disse que tinha alguns compromissos. Prometi voltar no final de abril. Assim, após o festival judaico de Pessach, voltei a Nîmes para arrumar minhas coisas e depois fui para Nice. Aluguei um quarto mobiliado de duas senhoras idosas na Avenue Desambrois. Comecei a trabalhar na Mario Simon's, montando sapatos à mão e martelando pregos. Foi assim que meu tempo em Nice começou.

Em Nice, naturalmente, comecei a procurar contatos na comunidade judaica. Não foi muito difícil. A maioria das atividades ocorria no "Dubouchage". De fato, era um verdadeiro paraíso. Quando um judeu era preso pela polícia francesa, o chefe do escritório fazia uma ligação telefônica para o oficial militar italiano, que imediatamente ordenava sua libertação. Nem mesmo a milícia podia fazer mal algum. Em Nice, havia muitas atividades organizadas por movimentos de jovens judeus. Por um lado, havia os Éclaireurs Israélites de France e o movimento Jeunesses Zionistes. A colaboração entre esses dois grupos era muito harmoniosa e próxima. Naquela época, entrei para o EIF, mas também participei das reuniões do movimento sionista juvenil. Costumávamos cantar muito e trocávamos notícias sobre a Palestina.

Comecei meu trabalho com o Keren Kayemeth LeIsrael (KKL) em Nice, por volta de maio e junho de 1943. Os Éclaireurs Israélites de France e os movimentos juvenis sionistas haviam lançado um projeto para plantar árvores na Palestina. Pediram-nos para arrecadar dinheiro para essa causa. Consegui arrecadar dinheiro suficiente para plantar cinco árvores, o que me deixou muito orgulhoso. Só para mostrar a vocês como as coisas eram complexas. Naquela época, Joseph Fischer, uma das principais figuras do KKL, estava morando em Nice. Ele desempenhou um papel muito importante na transferência de fundos do Comitê de Distribuição Conjunta (JDC). Foi quando eu o conheci, muito brevemente, pois eu era um jovem insignificante na época. Nós nos encontraríamos novamente mais tarde. Todas essas atividades, é claro, tiveram um impacto enorme sobre aqueles que, como eu, estavam ativos nesse campo na época. Também participei de um acampamento de verão da EEIF perto do Col d'Allos.

Na verdade, retornei a Nice justamente quando os acontecimentos estavam tomando um rumo decisivo. O anúncio do armistício entre a Itália de Badoglio e os Aliados deu origem a muita anarquia e instabilidade. Os italianos no poder pararam de proteger os judeus, deixando todos nós inseguros. Foi durante esse período conturbado que percebi o quanto éramos vulneráveis. Essa percepção de nossa vulnerabilidade e do aumento iminente do perigo ajudou a intensificar meus esforços para me juntar aos meus pais em Aix-les-Bains, onde a atividade judaica ainda era forte naquela época. No entanto, meu retorno a Nice e a consequente ameaça crescente marcaram uma etapa importante em minha jornada e em minha compreensão da guerra e do destino dos judeus na Europa.

Na época em que eu morava em Nice, não tinha plena consciência da extensão das atividades que ocorriam na rue Dubouchage. Eu sabia que havia uma atividade judaica significativa, mas os detalhes, os nomes das pessoas envolvidas e a verdadeira extensão de seus esforços eram em grande parte desconhecidos para mim. Foi somente mais tarde, depois da guerra, que fiquei sabendo de sua verdadeira importância e de seus papéis precisos, o que me fez perceber a verdadeira escala de seu trabalho durante a ocupação.

Em Nice, já havia uma atividade clandestina destinada a ajudar jovens judeus. Ela era organizada conjuntamente pelos Éclaireurs Israélites de France (EIF) e pelo MJS (Mouvement de la Jeunesse Sioniste). Os líderes desses dois grupos, Jacques e Léa Weintraub pelo MJS e Jacques Marburger e Jeannette Ewselmann pelo EIF, já haviam ajudado muitos jovens judeus estrangeiros ameaçados a encontrar abrigo.

Aqui estamos em setembro, na época do armistício, quando as tropas alemãs invadiram a zona italiana. Os italianos, que não deixaram a praça com rapidez suficiente, foram violentamente expulsos pelos alemães. Mas mesmo antes da chegada das tropas alemãs, um comando da Gestapo em carros pretos com tração dianteira chegou a Nice e começou uma caçada impiedosa aos judeus. O contexto tornou-se cada vez mais perigoso, transformando nossas vidas e nossas atividades diárias.

Na zona italiana, em Megève e Saint-Gervais, foram criadas residências forçadas para judeus estrangeiros. Quando o armistício foi assinado e os italianos partiram, as autoridades italianas, com as quais esses judeus estavam em contato, aconselharam-nos a segui-los até Nice, de onde seriam levados para a Itália em busca de refúgio. Todas essas famílias correram de ônibus para Nice, onde ocuparam residências mobiliadas e hotéis.

É fácil imaginar como foi fácil para os alemães prenderem esses judeus nessas condições. Além dos muitos refugiados que já estavam em Nice, a cidade estava repleta de recém-chegados. Os alemães procederam em duas etapas para prender essas pessoas. Inicialmente, eles atacaram os hotéis, onde era fácil prender judeus sem documentos adequados. Mesmo aqueles com documentos falsos eram fáceis de identificar por seu sotaque e aparência física. Para facilitar a tarefa, os alemães foram acompanhados por franceses que sabiam distinguir sotaques estrangeiros.

Os veículos pretos de tração dianteira dos alemães cruzavam as ruas de Nice e, quando avistavam alguém que parecia suspeito, especialmente um homem, paravam. Em seguida, levavam o homem para um porte cochere, faziam-no abaixar as calças e verificavam se ele era judeu ou não. Os documentos podiam ser falsificados, mas seu método era infalível.

Os alemães assumiram o controle de lugares aparentemente seguros: cinemas, onde as pessoas achavam que podiam se esconder porque não estavam nas ruas, restaurantes e áreas onde os judeus haviam se estabelecido. O local mais notório era o conhecido como Quartier des Musiciens, que incluía a Rua Rossini e os arredores. Essas ruas estavam repletas de apartamentos mobiliados cheios de judeus. Os alemães logo entenderam onde deveriam procurar os judeus.

Uma vez presos, os judeus eram reunidos no Hotel Excelsior, próximo à estação. De lá, eles eram enviados quase diariamente em comboios para Drancy. O escritório da UGIF, que servia como um centro de ajuda para os judeus necessitados, foi transformado em uma armadilha. Os alemães forçaram o diretor, um homem chamado Guggenheim, a permanecer no local. As pessoas que vinham pedir ajuda, tendo ficado sem dinheiro para comprar comida, eram presas na hora.

O rabino-chefe de Nice, Rabino Pruner, foi preso durante um funeral no cemitério. Todos os presentes foram deportados junto com ele. Foi uma verdadeira caçada aos judeus, realizada com uma eficiência formidável. Os alemães não eram guiados por nenhuma forma de ética ou humanidade em suas ações.

Nossos esforços em Dubouchage foram nossa resposta imediata às necessidades urgentes, uma resposta que estava chegando ao fim. Essa ajuda mútua foi alimentada por muitas pequenas ações e apoiada financeiramente por órgãos como a Fédération des Sociétés Juives de France, que fornecia subsídios e, quando possível, documentos falsos para os necessitados. Esses gestos, embora não muito formalizados, representavam uma atividade vital no tumulto da época.

Essa preciosa assistência, no entanto, chegou ao fim, deixando um vazio para aqueles que estavam acostumados a contar com esse apoio. Nas ruas, as pessoas procuravam em vão por apoio, por orientação, por alguém a quem recorrer. Foi um período de profunda desorientação, no qual as estruturas habituais haviam desaparecido. Apesar dos desafios, surgiu uma forma de organização, embora eu não consiga descrever exatamente como isso aconteceu. O que me lembro claramente é de uma reunião realizada em 13 de setembro no Hotel Chardonnens, em Nice, onde os mais velhos dos movimentos juvenis se encontraram. Tínhamos que decidir qual seria nosso próximo plano de ação.

Éramos cerca de vinte pessoas, unidas pela necessidade de responder a essa crise. Nessa reunião, as responsabilidades foram distribuídas, e cada pessoa recebeu uma tarefa específica.

Os Weintraubs faziam parte do grupo. Claude Guttmann e Griffon estavam presentes para organizar os RIs, sendo que o último havia recebido a tarefa de liderar o 6º em Nice. Foram eles que assumiram a responsabilidade pelas atividades que estavam sendo organizadas. Léa Weintraub compartilhou uma lembrança vívida dos primeiros dias da ocupação alemã: enquanto caminhava pela rua, um judeu se aproximou dela. Ele lhe disse que queria ajudar os judeus. O homem era Maurice Loebenberg. Por uma combinação fortuita de circunstâncias, Maurice, que mais tarde assumiu o nome de Maurice Cachoud de acordo com sua identidade falsa, estava envolvido nas ações desde o início.

O que aconteceu depois teve uma reviravolta trágica com a prisão de Claude Guttmann. Ele foi capturado em um mosteiro na rue François Grosso, após uma denúncia que se suspeitava ser obra de uma agente dupla chamada Anne-Marie Kielissi. Conhecida por fornecer documentos falsos, ela tinha conexões com um comissário de polícia em Marselha e emitia carteiras de identidade do 8º arrondissement da cidade.

Posteriormente, as pessoas próximas a Claude Guttmann souberam que ele estava prestes a visitar o mosteiro, especificamente para organizar um refúgio para pessoas em perigo. A Gestapo ficou na porta do mosteiro, pronta para prendê-lo assim que ele chegasse, levantando fortes suspeitas sobre Anne-Marie Kielissi, que pode ter sido a única pessoa informada dessa visita. Guttmann foi levado e deportado pela Gestapo.

Encontrei Guttmann uma ou duas vezes. Lembro-me bem do dia 28 de setembro, que foi um dia tenso para todos nós, especialmente para os dois Jacques - Jacques Weindraub e Jacques Marburger. Naquele dia, eles foram detidos pela Gestapo e levados para interrogatório. Felizmente, seus documentos falsos eram convincentes e suas identidades forjadas resistiram à pressão do interrogatório. Para nossa grande surpresa, eles não foram submetidos a uma verificação física completa, o que poderia ter revelado seu engano.

Finalmente liberados, uma situação incomum e inesperada, eles se viram livres. Mas foi na saída que Jacques Weindraub lembrou-se subitamente de que havia deixado sua pasta na sala do interrogador. Arriscando o perigo mais uma vez, ele voltou para buscá-la. A abertura inesperada da pasta poderia ter revelado informações comprometedoras, mas o destino decidiu o contrário.

Quanto a Jacques Marburger, conhecido sob o totem de Colibri, seu nome pode não ser familiar a todos, mas ele fugiu rapidamente. Ele se refugiou durante a noite em minha casa, sabendo que poderia contar com meu endereço em caso de necessidade. Depois de uma noite de descanso, que não oferece muito alívio em tais circunstâncias, emprestei-lhe minha bicicleta na manhã seguinte para que ele pudesse chegar à estação sem chamar a atenção. Assim, ele deixou Nice e, contra todas as probabilidades, conseguiu escapar de seu destino condenado.

Os planos elaborados na reunião dos Chardonnens em Nice foram comprometidos. O grupo foi praticamente decapitado, sofrendo golpes severos que poderiam ter acabado com nossos esforços. Como conseguimos nos reunir novamente alguns dias depois na casa de uma senhora generosa, eu não sei. Mas o principal é que tínhamos um ponto de encontro, prova de que a resiliência e a rede de solidariedade ainda estavam ativas.

Fomos parar na casa de uma senhora, cujo nome me escapa e cuja única precisão é que ela não era judia. Alguém entre nós devia ter o endereço dela.

Nessa reunião improvisada, Henri Poriles estava presente, assim como Maurice Cachoud, Maurice Beugelmans e Pierre Mouchnik, que já havia começado seu trabalho com documentos falsos - uma atividade crucial para nosso movimento. Havia também mulheres cujos nomes não me lembro hoje.

Apesar da adversidade, Maurice tomou a iniciativa. Ele assumiu o papel de líder e começou a restaurar a ordem, distribuindo tarefas e responsabilidades. Cada um recebeu sua missão, seu papel nessa luta clandestina, nessa organização que teve de se adaptar e resistir em tempos de crise.

Maurice me deu uma responsabilidade clara: a gestão financeira. "Você vai fazer a contabilidade, vai ser o caixa", ele me disse, insistindo na importância da precisão. "Quero contas precisas, porque um dia teremos que prestar contas do dinheiro que usamos". Não era uma tarefa fácil, mas era vital. Nesses tempos incertos, a transparência e a confiança eram essenciais se quiséssemos manter a integridade da nossa rede e mantê-la em funcionamento.

Pudemos contar com a generosidade daqueles que foram ajudados por nossos esforços. Muitos, tendo recebido uma carteira de identidade falsificada que lhes oferecia uma aparência de segurança, estavam prontos para expressar sua gratidão. Suas doações demonstraram sua gratidão e contribuíram para o esforço comum.

Maurice, por sua vez, conseguiu levantar fundos com as pessoas ao seu redor, pessoas em quem confiava. Todas as vezes, essas somas eram vitais para a continuidade de nossas operações, para comprar equipamentos, cobrir despesas imprevistas e apoiar aqueles que estavam sob nossa proteção. Portanto, manter o controle do dinheiro envolvia muito mais do que simplesmente controlar os números; significava preservar a essência de nosso compromisso e nos preparar para defender nossas ações quando chegasse a hora de sermos chamados a prestar contas.

Poucos dias depois de Rosh Hashaná, a atmosfera ainda estava pesada com os recentes acontecimentos trágicos que havíamos vivenciado. A comunidade estava marcada por essas circunstâncias difíceis. No entanto, quando chegou o Yom Kippur, conseguimos organizar uma tefilah, uma oração, na casa do tio de Maurice Cachoud, Maxime Polak.

Foi um momento de recolhimento, mas também uma oportunidade de nos reunirmos fora do contexto habitual de nossas atividades clandestinas. A reunião de oração ocorreu em uma atmosfera de gravidade e solidariedade, refletindo tanto a tradição religiosa quanto a necessidade de manter nossa coesão e moral nesses tempos sombrios.

No final do jejum do Yom Kippur, fomos calorosamente recebidos pela Madame Polak, que havia preparado uma refeição para quebrar o jejum. Lembro-me claramente daquele momento: o alívio de quebrar o jejum, o calor de uma comunidade que compartilhava as mesmas provações. A viagem até a casa de Maxim Polak não foi fácil para mim; cheguei lá de moto-táxi, uma forma de transporte público na época que incluía um assento de passageiro na parte de trás da bicicleta. Depois do almoço, junto com uma dúzia, talvez quinze outras pessoas, decidimos voltar para casa a pé.

A marcha pelas ruas de Nice foi realizada na calada da noite, respeitando o toque de recolher. Foi em momentos como esse, em que compartilhamos silenciosamente a calma da cidade adormecida, que a comunidade encontrou sua força, o sentimento de pertencimento e a determinação que nos impulsionou a continuar, apesar do que pudesse acontecer. No dia seguinte ao Yom Kippur, nos reunimos na casa dos Polaks. Durante todo o dia, um grupo de nós passou algum tempo discutindo e planejando, cientes de que, como cada um de nós tinha sua função, era essencial garantir uma coordenação eficaz.

Era outubro de 1943. Nice estava sob ocupação alemã e as prisões eram uma ameaça diária. Eu ainda vivia em meu quarto mobiliado, administrado por duas senhoras muito respeitáveis. Elas nunca me perguntaram sobre minhas origens ou minha religião, mas eu tinha a sensação de que elas supunham que eu era judeu. Nossas conversas raramente iam além de banalidades, mas o silêncio discreto delas era um sinal de cumplicidade protetora.

Continuei com minha rotina: trabalhava de manhã para meu chefe e, à noite, dedicava-me a gerenciar as contas da nossa organização. Para nos adaptarmos à situação e mantermos a estrutura em nossos contatos diários, tivemos de desenvolver um sistema organizado. Alguns jovens, homens e mulheres, que poderiam ser considerados assistentes sociais clandestinos, traziam-me listas. Essas listas continham os nomes das pessoas necessitadas e informações sobre sua situação, para que eu pudesse determinar a distribuição de fundos. Eu tinha que me basear nessas informações para distribuir os recursos. É claro que esse era um exercício complexo e necessariamente imperfeito.

A logística de nossos compromissos tinha de ser meticulosa para evitar a detecção pelo inimigo. Cada dia nos encontrávamos em um local diferente, uma rotina que mudava constantemente por motivos de segurança. Esse arranjo funcionou bem, demonstrando a engenhosidade e a flexibilidade de nossa rede para superar os desafios impostos pela ocupação.

Tínhamos implementado um sistema eficiente para a transmissão de informações e solicitações de documentos falsos, graças aos nossos contatos com a equipe dedicada à produção desses documentos essenciais. O laboratório de falsificação, supervisionado por Pierre Mouchnik, era um elemento central de nossa operação e todos os esforços foram feitos para manter sua localização e atividades em segredo. Serge Karvaser também estava envolvido, embora não pudesse correr o risco de aparecer em público devido à sua aparência muito reconhecível.

As solicitações de documentos falsos foram tratadas com notável eficiência: transmitimos os pedidos e, dependendo da complexidade do trabalho e das contingências técnicas, os documentos ficaram prontos em um a três dias. No entanto, às vezes surgiam problemas práticos, como a falta de formulários para carteiras de identidade, o que interrompia temporariamente nossas atividades. Felizmente, a equipe sempre encontrava soluções para obter os materiais necessários, uma área em que Maurice era particularmente ativo.

Além dos documentos de identidade, os suprimentos foram outro desafio crucial para nossos protegidos. Os cartões de suprimentos, essenciais para a compra de itens de primeira necessidade, como pão, manteiga, leite e até mesmo roupas, precisavam ser atualizados regularmente com novos bilhetes na prefeitura. Isso exigia a apresentação de uma carteira de identidade válida, um ato impossível e perigoso para aqueles que precisavam permanecer escondidos, que geralmente falavam pouco ou nada de francês e não podiam se dar ao luxo de serem vistos.

Diante desse obstáculo, foi necessário encontrar soluções para ajudar as pessoas escondidas a ter acesso às necessidades básicas sem comprometer sua segurança. Solidariedade, engenhosidade e discrição foram mais cruciais do que nunca para garantir a sobrevivência das pessoas que estávamos ajudando.

Maurice demonstrou notável habilidade em estabelecer contatos com funcionários do serviço de suprimentos. Graças a esses contatos, conseguimos obter cartões de abastecimento com o carimbo em branco e bilhetes que distribuímos aos nossos protegidos. Aqueles que ousaram se apresentar para renovar seus cartões de abastecimento puderam usar seus documentos falsos para fazê-lo; para os outros, que corriam um risco muito grande ao sair da clandestinidade, fornecemos a eles os bilhetes essenciais.

Ainda me lembro de Suzy, uma funcionária charmosa e compassiva que foi conquistada para a nossa causa por Maurice. Ela nos disse que estava pronta para fazer qualquer coisa que pudesse para nos ajudar, sensibilizada com a ideia de que uma criança poderia sofrer ou ser presa simplesmente porque estava com fome. Suas palavras tinham um tom de bondade sincera. Outro cúmplice valioso, cujo nome me escapa, e o vice-diretor do serviço de suprimentos, um certo Monsieur Morenon, também facilitaram as coisas para nós. Morenon nos confidenciou que estava grato por poder realizar ações concretas em nível humano; isso era muito importante para ele.

Essas expressões de solidariedade foram cruciais para nossa ação. Um aparte. Fui apresentado a uma jovem da Alsácia chamada Pauline Dreyfus, líder do índice de escoteiros, que me colocou em contato com Georges Bloch, um joalheiro nascido em Estrasburgo que havia se refugiado em Monte Carlo. Ela estava convencida de que o Sr. Bloch poderia nos ajudar a levantar os fundos necessários para a nossa causa. O maior desafio ainda era chegar a Monte Carlo, uma região fortemente controlada, mas a ajuda e a generosidade de várias fontes eram raios de luz na escuridão da Ocupação.

Para chegar a Monte Carlo pela primeira vez, optei por pegar o trem em uma estação um pouco afastada do centro de Nice, chamada Gare Saint-Roch, na tentativa de passar despercebido. A viagem foi tranquila e, quando cheguei, encontrei Georges Bloch. Sua recepção foi calorosa e ele expressou confiança imediata em nossa causa e em mim. Ele também me falou sobre um amigo, Elie Cohen, de Montpellier, que, por uma surpreendente coincidência, eu também conhecia. Foi um reencontro agradável e ambos concordaram em pedir à sua rede de conhecidos, que também eram refugiados em Monte Carlo, que contribuíssem financeiramente para apoiar nossas atividades.

Convencer pessoas ricas a nos ajudar não foi uma tarefa fácil. A cautela e a desconfiança eram muitas vezes a ordem do dia, especialmente quando se tratava de jovens relativamente desconhecidos. Ciente disso e da necessidade de reforçar nossa credibilidade, decidi pedir a Maurice que me acompanhasse em uma visita posterior a Monte Carlo. Seu carisma e poder de persuasão causaram uma forte impressão em Georges Bloch e Elie Cohen. Graças a ele, nossos possíveis apoiadores se mostraram mais generosos e investiram mais substancialmente em nossa causa.

A contribuição financeira de Monte-Carlo tornou-se uma fonte preciosa, permitindo-nos atender às necessidades de nossos protegidos e esperar por outros fundos. Falando em somas, o valor exato é difícil de avaliar hoje, devido às mudanças no poder de compra e na moeda. Naquela época, uma quantia de 10.000 a 20.000 francos representava uma ajuda substancial. Embora não pudesse ser considerada uma grande fortuna, era suficiente para atender às nossas necessidades imediatas e continuar nossos esforços de apoio e sobrevivência durante esse período difícil.

Entre os jovens de nosso grupo, Maurice se destacava por sua já rica experiência de vida. Ele havia dirigido uma agência de duplicatas para a empresa Gestetner, o que lhe deu muita confiança. Treinado em técnicas de vendas, ele tinha uma eloquência natural e uma capacidade de convencer os outros, combinadas com uma abordagem calorosa e amigável. Essas habilidades e sua capacidade de se comunicar e inspirar confiança foram os principais recursos em nossas atividades clandestinas.

Enraizado em uma forte tradição familiar, ele cresceu em uma comunidade tradicionalista em Montevidéu, em Paris, em uma atmosfera judaica muito calorosa. Sua consciência de sua identidade judaica era aguda, e foi isso que certamente o levou a agir espontaneamente em nome dos judeus quando percebeu que a situação estava se tornando crítica.

Ele cuidou de seu pai, que também estava escondido em Nice após a morte de sua mãe. Ele teve que viver nas sombras para cuidar dele e, ao mesmo tempo, assumir um papel de liderança em nosso coletivo.

Sua capacidade de chegar ao cerne da questão foi notável. Ele deixou claro que nossa meta tinha de ser uma ação direta e prática, sem nos prendermos a discussões políticas ou debates inúteis: tínhamos de agir, e rápido. Detalhes supérfluos não eram nossa preocupação.

Sua presença era espiritualmente reconfortante; ele sabia como encontrar a palavra certa para todos e dar coragem a todos. Sua aura não era a de alguém que passa despercebido; pelo contrário, ele era notado na rua, o que torna ainda mais surpreendente o fato de nunca ter sido desafiado ou preso. É um golpe de sorte, ou talvez a prova de que a providência estava cuidando dele, assim como cuidou de mim. Sua proteção divina, para aqueles que acreditam nela, parece ter desempenhado um papel muito real em nossas vidas.

Eu estava andando de bicicleta por Nice, e o motivo de ter escolhido uma rua em vez de outra durante as batidas continua sendo um mistério. A sorte estava do meu lado: nunca tive minha identidade verificada. Nesse clima de insegurança, usei uma identidade falsa que criamos com os meios à nossa disposição. De acordo com as informações dessa carteira de identidade, nasci em 15 de janeiro de 1915 em La Chapelle Blanche, em Savoie, e meu nome era Rosna Maurice, um nome que não significava nada para mim. Quando as pessoas me perguntavam por que eu nunca havia sido presa, eu brincava que minha aparência "ariana" provavelmente havia trabalhado a meu favor, sugerindo que minha aparência física não correspondia aos estereótipos procurados pelas autoridades.

A base documental para a criação dessa identidade fictícia foi uma folha de desmobilização de um prisioneiro de guerra francês dos campos na Alemanha. Isso deu mais credibilidade ao documento. Quanto à robustez dessa identidade falsa no caso de uma verificação, tudo dependeria da intensidade e do rigor da verificação. Se os serviços fossem experientes, especializados em contraespionagem ou membros da Gestapo, e se tivessem feito verificações minuciosas, poderiam ter descoberto que, embora o nome existisse na comuna onde eu supostamente teria nascido, ele não resistiria a uma investigação meticulosamente conduzida. No entanto, devo dizer que, na verdade, essa carta nunca precisou ser examinada. Foi uma combinação de sorte, presença de espírito e talvez, como alguns gostam de pensar, intervenção providencial que me permitiu evitar situações tão perigosas.

Na época, os controles alemães geralmente não se estendiam a investigações aprofundadas, a menos que houvesse sérias dúvidas sobre as atividades suspeitas de uma pessoa, como espionagem ou participação em atividades de resistência. O importante era conseguir passar pelos postos de controle sem levantar suspeitas.

Quanto a Maurice, ele de fato nasceu em Paris. Sua família tinha origens diversas: seu pai era alemão e sua mãe tinha raízes holandesas. A família Polak, por parte da mãe de Maurice, era formada por judeus holandeses, mas vivia em Paris muito antes da guerra. E, se não me falha a memória, sua mãe nasceu na capital francesa. Quanto ao pai, ele estava na França desde depois da Primeira Guerra Mundial, já que Maurice nasceu durante essa guerra, o que significa que seu pai já estava em solo francês antes da guerra.

Quanto à profissão de seus pais, o tio de Maurice, Sr. Polak, era banqueiro. É provável que o pai de Maurice tenha trabalhado com ele. Eles não eram donos do banco, mas tinham responsabilidades importantes em um pequeno banco privado judeu em Paris.

Os Polak eram, de fato, relativamente ricos. Alguns dias depois da tefilá de Yom Kippur que passamos com eles, aconteceu uma tragédia: o Sr. Polak foi preso na rua e deportado. Felizmente, parece que ele conseguiu evitar dar seu endereço, talvez graças a documentos que não o ligavam diretamente à sua casa, pois sua esposa e filhos ficaram em casa sem serem incomodados depois.

Durante o mesmo período, além da rede Cachoud, outras redes clandestinas também estavam ativas em Nice. Entre elas estava Kelman Fajgenbaum, mais tarde conhecido como Claude Kelman, que posteriormente desempenhou um papel importante na FSJU e foi um dos fundadores da CRFF. Homem de grande coragem, ele organizou uma rede para ajudar pessoas necessitadas, mas a falta de cautela levou à prisão de um de seus assistentes e Kelman teve de se esconder em Monte Carlo.

Havia também a presença marcante do Sr. Rogovski, um russo não judeu que havia sido ministro do governo socialista de Kerensky antes da revolução bolchevique. Tendo fugido da Rússia para Paris, ele e sua secretária, Olga Bax-Mars, prestaram muita ajuda aos refugiados russos, tanto judeus quanto não judeus. Outra rede liderada por André Bass também trabalhou para fornecer documentos falsos e assistência financeira. No entanto, André Bass também teve de deixar Nice quando foi detectado pelas autoridades.

Apesar da presença dessas diferentes redes, nosso grupo se viu, em determinado momento, como o único grupo operacional no local em Nice, uma situação que representava uma faca de dois gumes de responsabilidade e risco em um contexto perigoso. Quando os alemães chegaram, Joseph Fischer deixou Nice e foi para Lyon. Foi realmente difícil estabelecer ou restabelecer contatos para obter os fundos necessários para o nosso trabalho.

Quanto a uma experiência de controle que tive, ao contrário do que eu disse anteriormente, houve uma. Foi entre o Natal e o Ano Novo, quando eu estava viajando para Aix-les-Bains para ver meus pais. Tendo que trocar de trem em Grenoble e com uma hora e meia de espera, impulsivamente e talvez de forma imprudente, fiz um desvio para a cidade.

Eu estava caminhando pela Place Grenette, em Grenoble, por volta das 16h, quando de repente ouvi uma pequena explosão seguida de foguetes, o sinal para as tropas alemãs fecharem todas as saídas e realizarem um controle em massa. Preso no momento, fui direto a um suboficial alemão no bloqueio da estrada, explicando que precisava pegar meu trem e, ao abrir minha bolsa, mostrei-lhe minha carteira de identidade e meu cartão postal. Para minha surpresa, ele simplesmente me disse para seguir em frente.

Falei em francês, sem me preocupar se ele estava me entendendo bem ou não, simplesmente insistindo que eu tinha um trem para pegar. Foi uma oportunidade incrível, porque muitos judeus foram pegos nessas prisões e enviados para o STO (Service du Travail Obligatoire). Foi um momento de grande tensão, mas também de muita sorte, um evento raro que marcou minha experiência naquela época.

Voltando um pouco no tempo, durante o inverno de 1942-1943, quando eu ainda estava em Nîmes, as forças de ocupação alemãs promulgaram as leis do Serviço de Trabalho Obrigatório (STO). Essa mobilização forçou os jovens a se inscreverem para trabalhar na Alemanha. Lembro-me de pedir conselhos a várias pessoas sobre o que fazer: algumas diziam que era preciso se alistar para cumprir a lei, enquanto outras desaconselhavam. No final, não respondi ao chamado, ficando assim fora do radar da OST, mas ciente de que qualquer verificação poderia ter me levado, no mínimo, a um campo de trabalho na Alemanha, sem que minha identidade judaica fosse revelada.

Após o incidente em Grenoble e minha visita aos meus pais, voltei para Nice. Então, em janeiro, Maurice estabeleceu contato com Maurice Brenner, que representava o Joint na França ocupada, cuja sede ficava em Le Puy, uma cidade do condado no departamento de Haute-Loire. Pegamos o trem para encontrar Maurice Brenner em Le Puy, não o Puy de Dôme, mas a cidade de Le Puy em Haute-Loire. Maurice Brenner nos recebeu de forma muito calorosa e, pelo que me lembro, nos deu uma quantia substancial de 100.000 francos. Embora esses fundos não tenham durado para sempre, eles representaram uma contribuição significativa que nos permitiu fazer algumas melhorias nas condições de vida das pessoas que estávamos ajudando.

Tivemos longas discussões com Maurice Brenner. A situação era extremamente precária na época. O inverno de 1942-1943 foi marcado pela incerteza, a batalha de Stalingrado ainda não havia sido resolvida e a vitória das forças soviéticas ainda não havia se concretizado. A situação geral era desoladora, sem nenhum vislumbre palpável de esperança. A confiança no futuro baseava-se mais na fé cega do que em argumentos tangíveis. Apesar de tudo, tentamos incentivar uns aos outros a manter a esperança.

No mesmo período, em Nice, foi formado o grupo Franc, paralelamente à nossa própria atividade. Esse grupo, pelo qual eu não tinha responsabilidade direta, era liderado por Henri Porriles. A principal tarefa do grupo Franc era identificar e neutralizar os informantes que colaboravam com a Gestapo, muitas vezes motivados por dinheiro.

Em Nice, um grupo de russos brancos havia se destacado tragicamente ao denunciar judeus escondidos para lucrar com eles. A tarefa do grupo de Franc era eliminá-los fisicamente e intimidar os outros para dissuadi-los de continuar com suas atividades maliciosas. Essas ações não foram simples e enfrentaram dificuldades iniciais, mas, com o tempo, eles conseguiram acabar com as ações de alguns desses denunciantes e incutiram medo suficiente para que outros parassem com a traição.

Capítulo 10

Grupos de resistência

O Groupe Franc era o nome dado a uma célula da Resistência. Entre seus membros estavam Henri Porriles e seu irmão Isidore Porriles, além de Annette Zisman. Havia outros membros cujos nomes não me lembro. Esses detalhes às vezes podem se perder da memória com o tempo.

Quando nos encontramos com Maurice Brenner em Haute-Loire, não o conhecíamos pessoalmente. Maurice tinha uma recomendação para facilitar o contato. Brenner não se limitou a acreditar em nossa palavra, ele conduziu um interrogatório completo para obter detalhes precisos sobre nossas atividades e necessidades. Fornecemos a ele listas de beneficiários com suas assinaturas para comprovar a legitimidade de nossas solicitações.

Foi graças à forte recomendação de Maurice que finalmente conseguimos conquistar a confiança de Brenner. Sem ela, teria sido difícil, se não impossível, obter seu apoio financeiro. A recomendação serviu para convencer Brenner da autenticidade e seriedade de nossa causa, o que foi essencial para estabelecer um canal de financiamento para nossas atividades de resistência.

Brenner aparentemente tinha os fundos à sua disposição pessoalmente, o que não é surpreendente, dadas as circunstâncias e as restrições bancárias da época. As transações financeiras e bancárias normais foram obviamente comprometidas pela guerra e pela ocupação. Cheques e transferências bancárias estavam fora de questão; tudo era feito em dinheiro e por baixo da mesa.

É possível que o dinheiro tenha sido entregue fisicamente a Maurice e que ele o tenha repassado a mim, mas não me lembro com certeza. Os detalhes dessa transação não estão claros para mim. No entanto, quer fossem 100.000 francos ou qualquer outra quantia, transportar uma quantia tão grande de dinheiro representava um risco considerável.

Brenner pediu relatórios sobre nosso trabalho, mas entenda que não podíamos nos dar ao luxo de levar documentos detalhados sobre nossas atividades. Isso teria sido extremamente perigoso. Certamente fornecemos informações resumidas, detalhadas o suficiente para tranquilizá-lo sobre o uso dos fundos sem comprometer nossa segurança. Naquela época, era preciso ter muito cuidado com as informações que se compartilhava e como se compartilhava. Apesar de tudo, conseguimos convencê-lo da legitimidade e da importância de nossa causa.

Mantivemos contato com Maurice Brenner após nosso encontro, embora eu nunca o tenha visto pessoalmente depois. O apoio financeiro de Brenner foi um "balão de oxigênio" considerável para nós naquela época, embora não tenhamos recebido mais fundos da Joint posteriormente.

Continuamos a arrecadar dinheiro em Monte Carlo e, em grande parte, foi graças a esse financiamento que conseguimos manter nossas operações. No que diz respeito aos 100.000 francos, não distribuímos essa quantia levianamente. Elaboramos orçamentos mensais para garantir que pudéssemos continuar a longo prazo. No entanto, essa quantia não foi suficiente para cobrir nossas necessidades até o final da guerra, mas sem ela, e sem o apoio adicional de Monte-Carlo e doações ocasionais recebidas em Nice, teríamos tido dificuldades para continuar.

Aqueles que receberam documentos falsos de nós às vezes contribuíram financeiramente, embora nunca tenhamos pedido nada em troca. Simplesmente deixamos claro que, se alguém tivesse condições, suas doações poderiam ajudar a fornecer documentos a pessoas sem recursos. É importante lembrar que as pessoas que faziam os documentos falsos e os assistentes sociais precisavam sobreviver.

Embora não pudéssemos falar sobre salários, alocamos fundos de subsistência para cobrir necessidades básicas, como alimentação.

Havia uma escala uniforme para todos, calculada para comprar comida suficiente para um mês. Além disso, ninguém podia contar com nossa ajuda para roupas ou aluguel, por exemplo. Os recursos eram limitados e tínhamos que administrá-los com muito cuidado para garantir a sobrevivência de todos em nossa rede.

Os caprichos da memória são implacáveis e, às vezes, podem nos pregar peças, especialmente depois de tantos anos e tantos eventos significativos. A necessidade de corrigir e completar o que esquecemos é compreensível, especialmente quando se trata de homenagear as pessoas queridas de nossa história pessoal e familiar.

O período da guerra, que começou em 1939, foi repleto de consequências e luto para minha família. A morte de minha avó materna em outubro foi uma perda esperada devido à sua idade avançada e à doença. A tragédia continuou em dezembro com a morte de minha prima Suzanne, que tinha apenas 20 anos e morreu de febre puerperal após o parto, um evento devastador que ocorreu sob os cuidados de um médico.

Então, em janeiro de 1940, minha tia Mathilde, irmã do meu pai, morreu de câncer no estômago. Ainda me lembro da exaustiva provação que foi seu funeral, que nos obrigou a caminhar os 6 quilômetros entre Lingolsheim e o cemitério de Wolfisheim em condições climáticas difíceis, com neve de 50 a 60 centímetros. Foi um período emocional e fisicamente doloroso.

Quanto a Montpellier, parece que minhas lembranças não se situam em 1942, mas sim em 1941, embora as datas estejam começando a se confundir um pouco com o passar do tempo. Esses momentos da história pessoal podem ser difíceis de reconstituir com precisão, mas é importante reuni-los o máximo possível para formar um relato fiel dessa experiência.

É precioso lembrar esses momentos fundamentais de aprendizado, mesmo em tempos tão conturbados. O ensino do Rabino Schilly e do Sr. Kolodny foi um pilar na aquisição dos fundamentos do hebraico. As aulas que eles davam eram muito mais do que simples lições de idioma, pois incorporavam uma conexão com nossa herança, nossa cultura e nossa identidade.

É essencial não esquecer a figura do Rav Hamburger, que apresentou o Gemara a tantas pessoas antes de ser deportado, zekher tzadik livracha, que sua memória seja uma bênção. Seus ensinamentos e sua paixão pela Torá e pelo Talmud eram esclarecedores e motivadores, apesar das circunstâncias externas. O Sr. Kolodny, em particular, despertou nosso interesse pelos textos de Shoftim (Juízes) e Shmuel (Samuel), dando-nos uma compreensão mais profunda da gramática hebraica. Sua paciência nos permitiu compreender os diferentes binyanim, ou construções verbais, como Kal, Piel, Hifil e Hithpael, bem como as regras de sintaxe e pronúncia, como Vav hahipuch e o acento tônico.

Esse período de estudo tem uma ressonância especial para mim, pois, apesar da guerra, representa uma lembrança de esforço pessoal e autodisciplina. Durante minha estada em Romanos, na primeira metade de 1942, quando estava na escola de sapateiros, eu me dedicava ao estudo todas as noites. Armado com um Humash e um Tanach, em meu quarto estreito e sem aquecimento, apenas uma lâmpada de 25 watts iluminava meus escritos, o que era tolerado pela proprietária. Essas lembranças do estudo solitário, em condições tão modestas, são um lembrete da resiliência e do compromisso de preservar o conhecimento e a tradição, apesar dos desafios.

Em Nîmes, Rav Swal me apresentou a um rito precioso: Kriyat Hathorah. Consegui lê-lo, o Parchat Shemini, na sinagoga local em março de 1943. O público era reconhecidamente escasso, mas é preciso entender o contexto da época, marcado pela presença opressiva das patrulhas alemãs. Havia uma tensão palpável em cada ato da vida cotidiana, e o ato de fé representado por essa leitura comunitária quase beirava a imprudência.

Também é importante lembrar a situação particular da zona italiana de Nîmes, um assunto já mencionado. A clemência demonstrada pelas autoridades italianas não foi o resultado de uma generosidade espontânea. Angelo Donati, um banqueiro judeu italiano baseado em Nîmes, desempenhou um papel decisivo nesse caso. Sua perseverança e suas conexões influentes com os militares italianos foram fundamentais para o desenvolvimento e a manutenção de uma política de proteção aos judeus, apesar da pressão exercida pelo regime de Vichy, da ameaça das milícias e da vigilância constante exercida pelas forças de ordem da Revolução Nacional. É à sua ação e compromisso que muitos devem sua salvação.

Donati, uma figura que nunca conheci pessoalmente, mas cuja reputação precedeu sua figura nunca conhecida. Seu ambicioso plano era facilitar a transferência de judeus da zona italiana para a Itália. Sim, acho que já falei sobre esse assunto antes. A coragem ou, para ser preciso, a falta de coragem dos soldados italianos foi posta à prova durante o avanço das tropas alemãs. Sua fuga precipitada pôs um fim abrupto a todas as tentativas de evacuação orquestradas por Donati, arruinando assim seu plano.

Era setembro de 1943, um período marcado por pontos de inflexão sombrios, principalmente a chegada da Gestapo, sinônimo de terror crescente. Naquele momento, Saint-Martin-de-Vésubie tornou-se um local de residência forçada para judeus estrangeiros que ainda não haviam sido apanhados no tumulto da deportação. O destino separou arbitrariamente esses refugiados em caminhos diferentes: um grupo conseguiu atravessar a fronteira e se refugiar na Itália, enquanto outro foi pego na armadilha montada no norte da Itália e, posteriormente, deportado.

Quanto àqueles que escaparam da rede, eles devem sua salvação à tenacidade e à ajuda dos guerrilheiros italianos. Eles sobreviveram, agarrando-se a cada momento de liberdade, derretendo-se nas sombras da clandestinidade. Cada respiração deles era uma resistência tenaz contra a opressão, uma luta pela existência mesmo nas horas mais sombrias de nossa história.

Foi nesse exato momento, em setembro de 1943, que se desenrolou a trágica história de Jeannette Ewselmann. Ela era uma batedora em Nice que foi capturada com sua família nas garras impiedosas da Gestapo, que acabara de chegar à cidade. Por acaso, ou talvez devido a uma combinação de cautela e medo, ela estava portando uma identidade falsa. Esse truque permitiu que ela escapasse do Hôtel Excelsior, que havia se tornado uma prisão temporária para os judeus presos. Mais uma vez, ela pôde sentir o gosto da liberdade, uma liberdade tingida de dor, no entanto, porque sua família não teve a mesma sorte e foi varrida pelo turbilhão negro da deportação.

Também escrevi sobre a oficina de calçados de Mario Simon em Nice, onde eu havia encontrado trabalho quando cheguei em Nice em 1943. Apesar da sombra de minhas atividades clandestinas, que começaram a crescer a partir de setembro, mantive meu emprego na Mario Simon's com regularidade. No entanto, quando o final do ano se aproximava, em dezembro de 1943, fui forçado a abandonar esse disfarce meticuloso. Tive de dedicar todo o meu tempo e esforço à Resistência, pois a luta estava se tornando exigente demais para permitir uma vida dupla.

Em fevereiro de 1943, lembro-me de nosso camarada Ernest Appenzeller, preso desde dezembro, que conseguiu evitar um fim trágico em Drancy ao afirmar com veemência que não era judeu, mas cristão. Por meios que me escapam, uma certidão de batismo foi enviada a ele, o que lhe valeu a libertação em fevereiro de 1944. É fácil imaginar a onda de alívio e a intensa alegria que tomou conta dele quando recuperou a liberdade, uma alegria compartilhada por todos nós que testemunhamos seu feliz retorno a Nice.

Quanto às minhas aventuras em Nice, lembro-me, não sem alguma imprecisão, do restaurante Abbaye Saint-Paul na cidade velha. Não tenho certeza se já o mencionei antes, mas foi um lugar emblemático em nossas vidas. Parece-me que foi Maurice Cachoud quem conseguiu se aproximar do proprietário. A Abbaye Saint-Paul havia se tornado um refúgio, uma extensão do nosso mundo cotidiano. Costumávamos nos banquetear lá com pratos de macarrão à la niçoise, um luxo inestimável na época, pois eram servidos sem a necessidade de cupons de racionamento - um prazer puro e simples no contexto de privação dos tempos de guerra.

Mas o restaurante também desempenhou um papel mais arriscado, o de esconderijo de armas pequenas. Não foi sem perigo ou constrangimento, mas tenho de admitir que a equipe da Abbaye Saint-Paul demonstrou compreensão e apoio notáveis. Foram atos de resistência discreta, mas de importância vital, que eu gostaria de destacar e relembrar com gratidão.

Eu não ia à Abadia de Saint Paul todos os dias. Essas visitas eram limitadas; afinal, ainda tínhamos que pagar por nossas refeições, mesmo que fosse sem cupons de racionamento. Nós nos reuníamos lá uma ou três vezes por semana. E sim, os proprietários estavam bem cientes de nossas atividades, mesmo que o assunto permanecesse tabu, apenas abordado com insinuações. Eles eram fortemente pró-gaullistas, o que levou a uma afinidade mútua e à compreensão de nossas intenções e ações da Resistência.

A situação financeira das pessoas que estávamos ajudando tornou-se cada vez mais desesperadora. No entanto, havia uma nova esperança quando a prefeitura de Nice organizou um programa de evacuação para áreas rurais onde os alimentos eram mais acessíveis. Aproveitamos imediatamente essa oportunidade, orquestrando a partida de muitas famílias. Além disso, os documentos de evacuação emitidos pela prefeitura deram mais credibilidade às suas identidades falsas, consolidando sua segurança. Por volta de fevereiro, ainda havia cerca de 430 pessoas sob nossa responsabilidade.

Gostaria agora de falar sobre o Pastor Evrard. Após a guerra, em 1945, Evrard foi chamado para testemunhar sobre suas atividades clandestinas. Seu testemunho foi solicitado por vários órgãos, incluindo o centro da prefeitura de Nice, a cidade de Paris, a Espanha e o centro de documentação de Nice. Assim, seu envolvimento e seu papel durante aqueles anos sombrios foram reconhecidos e documentados, um tributo à sua coragem e contribuição para a luta clandestina.

Na declaração do Pastor Évrard, são fornecidos detalhes pungentes de seu envolvimento, como ele conheceu e apoiou Raymond Heymann e Maurice Cachoud, líder da resistência judaica em Nice. Ele descreve como ele e seus filhos participaram ativamente da ajuda aos judeus perseguidos. Eles ajudaram a manter os perseguidos em segurança e lhes forneceram suprimentos, com uma coragem cujo perigo constante não pode ser ignorado. Das carteiras de identidade à hospitalidade, suas ações eram fogos acesos na escuridão da opressão.

Ele também estava falando sobre a organização das celebrações de Purim em seu templo, onde a leitura da Megillah era um momento de grande simbolismo e profunda elevação espiritual. Esse evento foi realizado contra todas as probabilidades, em uma quarta-feira no final da tarde, quando os fiéis chegavam de bicicleta como se fossem marcar a rotina diária, mas com uma ressonância singularmente desafiadora. Évrard ficou com sua família, enquanto seus filhos cuidavam da segurança da reunião.

Ao admitir sua consciência da realidade da guerra e da situação crítica em que se encontravam, eles conseguiram, no entanto, pelo espaço de uma noite, transcender o medo e mergulhar os participantes em uma atmosfera em que o pensamento se elevava acima da opressão. Os paralelos com a história da Megillah não poderiam ter sido mais pungentes, colocando cada participante no espelho de uma tragédia contemporânea, onde cada palavra lida ressoava com sua própria luta pela sobrevivência e liberdade.

Cada gesto, cada reunião, cada ação estava imbuída de perigo durante esse período. O pastor Évrard estava bem ciente disso: investir seu templo na luta e organizar reuniões como as celebrações de Purim significava jogar com tudo o que valia. Era um pouco como tentar uma manobra arriscada em uma ponte, um impasse: era preciso avaliar com precisão os riscos a serem assumidos, os que poderiam ser justificados e os que deveriam ser evitados a todo custo.

Parece que circular pela cidade ou ir à rue Vernier não constituía, por si só, um risco significativamente maior do que qualquer outro movimento urbano da época. No entanto, se a Gestapo tivesse invadido uma dessas reuniões, as consequências teriam sido devastadoras, sem sombra de dúvida.

Quanto ao número de pessoas presentes, éramos nove homens, acompanhados pelas moças. Uma reunião pequena e íntima, em busca de espiritualidade e comunhão, apesar do peso do terror que pairava sobre a cidade ocupada. Cada reunião, cada oração tinha o peso da resistência, o sopro da subversão contra uma noite interminável que parecia envolver o mundo.

A liderança presente naquele dia para as celebrações de Purim era formada por indivíduos que podiam ser mobilizados. O que é significativo aqui é a raridade das reuniões e o risco assumido por cada uma dessas pessoas, sabendo dos perigos que estavam correndo.

O testemunho do pastor Évrard lança luz sobre outros eventos, como a trágica história da Sra. Vera Kogan, que tentou acabar com sua vida envenenando-se. Essa história era estranha ao seu grupo e ao seu envolvimento; é uma anedota relatada exclusivamente pelo pastor. Parece que ela foi hospitalizada e depois deixada o máximo de tempo possível no hospital Pasteur para protegê-la. Mas, no final, ela foi levada de volta ao Hotel Excelsior, onde a Gestapo havia montado seu quartel-general.

O encontro com Gérard, um dos líderes da Gestapo no Hotel Excelsior, destaca a díade psicológica dentro dessa organização aterrorizante. Por um lado, Évrard descreve Schulz, um homem calmo e educado, mas conhecido por seu sadismo, baseado no Hotel Hermitage. Por outro lado, há Kraus no Hotel Excelsior, uma personalidade descrita como demente e extremamente brutal, conhecida por seus terríveis acessos de raiva e métodos violentos de interrogatório. Quanto a Eckerle, ele se mostra mais moderado, formando um contraponto aos dois primeiros. Gérard, apesar de rude e impulsivo, parecia ter certa influência sobre Eckerle e, apesar de primitivo e rude, era capaz de "boas jogadas", talvez de ser leniente em determinadas circunstâncias.

O que essas anedotas ilustram é o quanto a situação era complexa e perigosa para os combatentes da Resistência e para os judeus em Nice durante a Ocupação. Cada ação, cada encontro, cada gesto era repleto de tensão, e as personalidades encontradas podiam significar a diferença entre a vida e a morte.

Em sua reunião com Gérard, um membro influente da Gestapo, o Pastor Évrard usou a estratégia de falar sobre um passado no qual ele havia se dedicado à reconciliação das nações, destacando sua suposta ajuda aos alemães antes da guerra. Esse relato parece ter sido imbuído de humanidade e persuasão, com o objetivo de aliviar as tensões e manipular a situação a favor da Sra. Kogan. Embora cético quanto às chances de libertação da Sra. Kogan, o pastor usou sua inteligência emocional para despertar a receptividade de Gérard, que presumivelmente era alemão. Para sua grande surpresa, e graças à intervenção que ele havia iniciado, a Sra. Kogan foi libertada e dirigiu-se a ele para expressar sua gratidão.

Quanto a Maurice Cachoud, sua reputação fora de Nice já estava bem estabelecida. Não era ele quem fabricava os documentos falsos, mas desempenhava um papel fundamental na facilitação dos contatos entre os vários movimentos de resistência locais e o Mouvement de

Libération Nationale (MLN). Sua capacidade de fornecer documentos do laboratório local por meio dos canais econômicos da cidade estendeu sua reputação até Paris. Isso levou à sua nomeação como chefe nacional do laboratório de falsificação do MLN, um cargo que o convocou a Paris.

O caso de Maurice Cachoud destaca a complexidade e a flexibilidade das atividades da Resistance. Embora o laboratório de falsificação em Nice estivesse funcionando, Maurice Cachoud foi responsável pela organização de uma nova oficina em Paris. Embora ele não tenha começado seu projeto do zero, pois já existiam recursos e estruturas em Paris, sua contribuição foi tornar essa oficina mais eficiente e operacional, aproveitando o que estava disponível.

O que diferenciava Maurice Cachoud era sua capacidade de organização, sua ousadia e, em iídiche, sua "chutzpah" - aquela ousadia e vitalidade incomuns que deixaram uma impressão duradoura. Ele era conhecido por abrir portas que outros pensariam estar fechadas, muitas vezes flertando com uma imprudência quase inacreditável. Isso lhe pregou algumas peças lamentáveis mais tarde, embora, ao mesmo tempo, ele sempre estivesse extremamente preocupado com a segurança daqueles que trabalhavam com ele.

No que diz respeito à comunicação com Maurice depois de fevereiro, o contato não foi perdido, mas as comunicações se tornaram naturalmente mais complicadas e menos frequentes. Sem telefone e em uma época em que a discrição era vital, o contato era frequentemente estabelecido por meio de viagens entre Nice e Paris, por vários motivos. Essas viagens eram uma oportunidade de trocar informações e manter um vínculo, mesmo que não tivesse a regularidade de uma correspondência organizada.

Depois que Maurice Cachoud se mudou para Paris para assumir o comando do laboratório de falsificação, fiquei encarregado do setor de assistência social, enquanto Henri Porriles se concentrou mais no grupo de autodefesa. No que diz respeito às ações militantes e diretas desse grupo, vou relatar uma descrição que Henri Porriles fez de uma operação realizada pelo grupo franco.

A narração de Henri Porriles descreve uma emboscada organizada contra Georges Karakayev. Esse homem, de origem russa, dividia seu tempo entre a pintura artística e a atividade mais séria de denunciar judeus ao inimigo. Uma estratégia de espionagem e sedução por uma jovem do grupo permitiu que ele fosse identificado e que um encontro fosse marcado. No dia combinado, a garota apareceu, mas não veio sozinha - os membros armados do grupo franco estavam prontos para agir. Eles realizaram a ação em suas bicicletas, e o informante foi rapidamente neutralizado.

Quando penso no número de alvos que o grupo franco conseguiu eliminar dessa forma, não posso dar um número exato e prefiro não fazer suposições. Esses números devem ser registrados nos depoimentos dos participantes das várias operações, das quais não participei. Foi principalmente o irmão de Henri, Isidor Porriles, apelidado de Zizi, que participou ativamente dessas missões. Ele foi um dos principais agentes dessas operações, embora não tenha sido o único.

Entre seus companheiros de ação estavam Annette Zisman e Marc Lévy, este último tendo se juntado a Israel em 1948, onde morreu durante a Guerra da Independência, bem como Lucien Rubel. Esses são os principais membros da equipe de que me lembro, embora eu possa ter esquecido alguns deles.

Ernest Appenzeller, mencionado anteriormente, também participou dessas operações. De fato, ele também fez parte dessa luta, dessa luta clandestina travada com bravura e determinação. Zizi, cujo nome verdadeiro era Isidor Porriles, e Ernest Appenzeller eram de fato uma dupla ativa dentro da Resistência, embora eu não diria que eram inseparáveis. Eles trabalhavam de forma próxima e eficaz como uma equipe, cada um com uma função a desempenhar nas operações a serem realizadas.

De abril em diante, as prisões e denúncias orquestradas pelos russos brancos - aqueles emigrados russos anticomunistas - diminuíram, embora o perigo de tais traições tenha persistido até o desembarque na Provença. Quanto à especificidade do grupo Franc, o que o caracterizava era, sem dúvida, os traços pessoais de seus membros que os inclinavam a essas atividades de alto risco. Alguns eram naturalmente inclinados a ações ousadas e operacionais, enquanto outros eram mais voltados para a assistência e o apoio. Havia aqueles que tinham a temeridade de enfrentar os perigos, e havia aqueles que, sem armas ou meios de defesa, arriscavam-se tanto quanto eles agindo nas sombras, muitas vezes abandonados à própria sorte e muito vulneráveis.

Os jovens que se envolveram na assistência clandestina, não apenas em Nice, mas em toda a França, geralmente eram inexperientes e enfrentavam um perigo imenso, às vezes sem a possibilidade de se defender. Esses jovens estavam se expondo a riscos consideráveis e, é verdade, muitas vezes ficavam "borrados de medo" com a escala de tudo isso. A coragem não é medida apenas pela capacidade de enfrentar o perigo armado; sua dedicação era igualmente nobre e suas ações igualmente heroicas.

Por fim, gostaria de mencionar a prisão, no início de março, de meu tio, Louis Hallel, em Montélimar, e o resgate milagroso de sua família, que foi avisada por vizinhos e conseguiu se esconder e se juntar a meus pais em Aix-les-Bains. Isso mostra a solidariedade e a ajuda mútua que desempenharam um papel crucial na sobrevivência em um ambiente hostil e perigoso. Cada ato, grande ou pequeno, testemunha a resiliência e a coragem daqueles que passaram por aqueles tempos sombrios.

Com a aproximação do Pessach, a questão das matzot se tornou ainda mais aguda, em um contexto em que cada elemento da tradição assumiu uma importância ainda maior. Foi graças à engenhosidade do nosso companheiro Jacques Neufeld que conseguimos superar esse obstáculo. Ele conseguiu obter farinha e encontrou uma fábrica de biscoitos que conseguimos tornar kosher. Isso nos permitiu fazer os matzot necessários, que foram distribuídos por nossos assistentes antes do Pessach.

Durante uma viagem a Le Puy em janeiro, tive a oportunidade de conhecer Jean Poliatschek, filho de um rabino de Altkirch, no Haut-Rhin. Eu me convidei para ir à casa dele para o início do Pessach e do Seder. Armado com minhas matzot, que eu havia levado em minha mochila, fui para Le Puy. Lá, o Pessach começou com o Seder na sala dos fundos de um restaurante, onde recitamos o Haggadah ao som das botas dos soldados mongóis do exército alemão estacionado na cidade.

No dia seguinte, apesar do ambiente ameaçador, foi realizada uma tefilá em um local discreto e desfrutamos do campo à tarde. Foi uma experiência particularmente estimulante, demonstrando a determinação dos jovens judeus em afirmar sua identidade judaica e seu pertencimento ao seu povo, mesmo diante da adversidade e até mesmo da provocação. Uma resistência espiritual que, nos momentos mais sombrios, assume todo o seu significado e se torna um ato de rebelião e preservação da herança cultural e religiosa judaica.

Na verdade, meus pais moravam em Aix-les-Bains durante esse período. Quanto à minha escolha de celebrar o Pessach em Le Puy e não com eles, ela foi ditada por considerações de segurança. Naquela época, viajar para Le Puy representava um risco menor do que ir para Aix. Essa decisão, que responde à sua pergunta pertinente, foi guiada pela prudência nesses tempos incertos.

Após as comemorações do Pessach, fui para Vichy, onde planejei encontrar minha irmã Simone. Ela estava viajando de Aix para Vichy, e nossa intenção era visitar primos que estavam escondidos em Châtelmontagne, não muito longe da cidade. No entanto, quando cheguei à estação de Vichy, tive uma recepção perturbadora: minha prima, cuja casa deveríamos visitar, me informou que a Gestapo havia revistado sua casa e prendido sua irmã. Diante dessa situação, não havia mais a opção de irmos à casa deles. Então Simone decidiu voltar direto para Aix-les-Bains, enquanto eu me escondi por alguns dias com primos em outra cidade para evitar ser pego na rede da Gestapo. Era uma época em que a menor decisão poderia ter consequências fatais, e a vigilância era nossa companheira constante.

A fazenda em Châtelmontagne, onde meus primos e meu tio Herschel estavam escondidos, representava um refúgio excepcional de suprimentos, proporcionando-lhes uma qualidade de vida confortável nessas circunstâncias difíceis. Eles desfrutavam de relativa liberdade, podendo navegar dentro dos limites da fazenda e dos arredores imediatos do vilarejo.

Embora tivessem certa liberdade de movimento dentro desse perímetro, eles permaneciam discretos quanto à sua identidade. As condições de vida não implicavam reclusão constante em um espaço restrito, mas uma limitação à exibição pública de sua presença e de sua identidade judaica. De fato, meus primos e meu tio não estavam confinados em um único espaço fechado; eles não estavam enclausurados em um quarto ou sótão e podiam se dar ao luxo de sair.

Capítulo 11

A sobrevivência dos judeus

Entretanto, a segurança de sua situação dependia em grande parte da cumplicidade e da discrição de seus vizinhos. Embora esses últimos suspeitassem que esses novos "camponeses" não eram da região, sua atitude pró-gaullista os tornava confiáveis e eles ofereciam seu apoio tácito.

A realidade dos judeus escondidos na França durante a Segunda Guerra Mundial apresentava uma ampla gama de situações, que contrastavam fortemente com o que se poderia imaginar ao se referir a casos como o de Anne Frank na Holanda. Na França, enquanto alguns permaneceram muito confinados, outros adotaram identidades presumidas para se misturarem ao ambiente. Em resumo, a capacidade das pessoas de se esconderem e manterem uma forma de anonimato variava muito, desde a semiautonomia até restrições mais severas à sua liberdade de movimento.

O caráter individual desempenhou um papel decisivo na maneira como as pessoas administraram sua segurança durante esse período de perseguição. Alguns, por natureza mais ousados, às vezes corriam riscos demais, o que tragicamente os levava à deportação. Outros, que eram mais cautelosos, também pagaram um preço alto; a ousadia não podia ser apontada como a única causa de sua captura pelos alemães. Durante a grande operação de captura em Nice, aqueles que sabiam do ocorrido evitavam andar por certas ruas, principalmente no bairro Musiciens, em torno da rue Rossini, que era um dos alvos favoritos dos alemães. As principais vias do centro, a avenue de la Victoire (hoje avenue Jean Médecin) e as ruas ao redor, com suas lojas e locais de moradia, eram particularmente arriscadas e deveriam ser evitadas a todo custo.

Com o passar dos meses e a diminuição das rondas, a vigilância diminuiu até certo ponto, seguindo o princípio dos vasos comunicantes. Durante meses, eu mesmo me proibi de frequentar a Avenue de la Victoire, mas no final da primavera de 1944, com ou sem razão, essa reserva se tornou menos rígida.

Como parte de minha função de coordenação com os assistentes sociais, eu viajava muito pelos bairros considerados menos perigosos. Eu viajava de bicicleta, evitando áreas muito expostas. Quando meu tio Louis foi preso em Montélimar no início de março - um evento que já mencionei - minha tia e meu primo Hubert tiveram de fugir para Aix-les-Bains para buscar refúgio com meus pais. Esse episódio ilustra a precariedade e a urgência da situação para muitas famílias judias naquela época.

Meu tio, que foi deportado após sua prisão, infelizmente sofreu um destino compartilhado por muitos outros. Diante dessa ameaça iminente, meus pais decidiram cruzar a fronteira com a Suíça. Meu jovem primo Hubert foi enviado pela primeira vez em um comboio de crianças no início de abril, um procedimento relativamente comum na época para tentar levar as crianças para um lugar seguro. Meus pais e minha tia Blanche seguiram no final do mês. Eles foram internados na Suíça, como mostra seu cartão de internação datado de 26 de maio de 1944.

Minha irmã Simone, por sua vez, se sustentava com um nome falso em Chambéry, onde trabalhava para a instituição de caridade "Aide aux Mères". Essa instituição de caridade oferecia apoio a famílias que tinham acabado de receber um novo bebê, fornecendo assistência com os cuidados com o bebê e as tarefas domésticas.

Para a travessia para a Suíça, a organização baseou-se na discrição e no perfeito conhecimento do terreno por parte dos contrabandistas locais. Eles tinham de ser especialistas nas trilhas e informados sobre os horários das patrulhas alemãs para aumentar as chances de sucesso na travessia. Em troca de seus serviços, esses mensageiros eram pagos, embora a travessia fosse frequentemente adiada devido ao aumento da presença das tropas alemãs na fronteira. Por fim, eles conduziam as pessoas até um determinado ponto antes de deixá-las seguir por conta própria.

Quanto ao grupo de crianças com o qual Hubert foi integrado, os detalhes exatos da organização desse comboio me escapam, mas havia muitas iniciativas na época, muitas vezes ad hoc, lideradas por organizações como a Œuvre de Secours aux Enfants (OSE) ou em uma base mais informal, com grupos de crianças transitando por diferentes rotas para chegar à Suíça ou a outro lugar em segurança.

Sim, havia uma certa coordenação entre as várias organizações dedicadas a ajudar os judeus, especialmente as crianças, e a ajudá-los a sobreviver. Apesar disso, a situação precária e as circunstâncias particulares de cada indivíduo muitas vezes exigiam iniciativas particulares ou pessoais em vez de ações puramente organizadas.

De fato, organizações como a Éclaireurs israélites (EI) e o Mouvement de la jeunesse sioniste (MJS), bem como a Œuvre de Secours aux Enfants (OSE), realizaram operações estruturadas e altamente organizadas para contrabandear crianças, mas a grande variedade de contextos e necessidades fez com que os métodos utilizados variassem muito.

Para atravessar para a Suíça, tivemos de encontrar um contrabandista. Minha irmã entrou em contato com ele para ajudar meus pais a atravessar a fronteira. O contrabandista escolheu o momento certo de acordo com as informações que tinha sobre as patrulhas alemãs, guiando as pessoas até a fronteira antes de mostrar-lhes a rota a seguir sozinhas.

No que diz respeito às crianças organizadas em grupos para cruzar a fronteira, embora eu não tenha todos os detalhes, é certo que vários grupos foram formados e que eles cruzaram graças a diferentes redes e organizações, algumas das quais podem ter sido ad hoc, sem afiliação fixa a uma estrutura de resgate.

Em meu retorno a Nice, em abril de 1944, presenciei uma cena devastadora na Abbaye Saint-Paul. Monique Picard, uma conhecida de Montpellier, chegou desesperada para me contar que seu irmão havia sido preso em uma operação de busca e apreensão em um lar de crianças perto de Grasse. Apesar de nossas tentativas de enviar a ele uma certidão de batismo, o que provavelmente teria permitido que ele fosse libertado, a confusão em torno de sua identidade não conseguiu evitar que ele fosse deportado, pois ele foi registrado com o nome de nascimento de sua mãe, Cerf, e não com o nome Picard na certidão.

Quanto às minhas viagens a Monte Carlo, as batidas lá também geraram uma tensão palpável. Meus contatos, Georges Bloch e Elie Cohen, tiveram que se esconder; eles também tentaram entrar na Suíça, mas foram presos. Eles parecem ter conseguido pagar por sua libertação, embora as circunstâncias exatas não estejam claras. Eles mudaram de endereço em Monte Carlo para continuar a evitar serem descobertos.

O acesso às praias foi proibido durante a guerra, principalmente após a ocupação alemã, quando foram instaladas fortificações em antecipação a um possível desembarque dos Aliados. A Promenade des Anglais e as ruas de acesso foram bloqueadas por obstáculos de concreto. Antes da chegada dos alemães, a Promenade era um local animado para a população de Nice e para os judeus.

Apesar de tudo isso, continuei pessoalmente envolvido na vida judaica e, todas as tardes de Shabat, ia estudar a Parashah da semana com Prosper Weil, um adolescente cuja família de Bouxwiller havia se refugiado em Nice. Isso aconteceu apesar da proximidade da Gestapo, uma prova de resiliência diante da opressão.

Os Weills haviam fugido da Alsácia e se refugiado em Nice, um exílio interno repleto de incertezas e com o peso dos dias. Naquela época, ouvir a Radio France Libre de Londres era um ato de resistência em si, dada a proibição de possuir um rádio. Embora eu mesmo não tivesse um, conhecia muitas pessoas cujas casas estavam secretamente sintonizadas nas ondas da liberdade. As transmissões de notícias chegavam até nós, mantendo-nos informados e esperando o desembarque na primavera de 44.

As notícias da Itália eram amargas; os Aliados estavam lutando arduamente, fazendo progressos exasperantemente lentos a um custo humano cada vez maior. Mussolini, por sua vez, não deixava de demonstrar sua arrogância habitual. O destino de nossos compatriotas deportados era suficiente para nos atormentar dia e noite; temíamos o indescritível, sem nunca sermos capazes de prever o verdadeiro horror ao qual eles estavam sendo submetidos, uma realidade que estava além da compreensão humana. Foi somente após a libertação que a verdade nos foi revelada em toda a sua brutalidade, um horror que superou nossas imaginações mais sombrias.

A onda de choque dessas revelações teve de ser contrabalançada pela solidariedade, porque o moral de todos os membros do nosso grupo estava sofrendo. Separados de nossas famílias, era uma luta constante para manter a cabeça acima da água, para continuar a ter esperança. Quando a notícia do desembarque chegou a nós em 6 de junho de 1944, foi um alívio monumental que dominou a todos nós, um sopro de esperança de libertação que abalou nossos corações.

No entanto, esse vislumbre de luz não mudou nossos problemas atuais: a escassez de alimentos estava piorando e as prisões continuavam. Nesse momento crítico, montamos um quarto de hotel como secretaria clandestina graças à cumplicidade dos proprietários pró-gaullistas do Hotel Assalit, localizado perto da estação em Nice. Foi lá que Jacqueline Cotliard, atuando como secretária, recebeu e redistribuiu os documentos falsos produzidos pelo laboratório, essenciais para nossa luta pela sobrevivência.

Apesar da pressão, o Hotel Assalit havia se tornado um microcosmo de resistência, um lugar quase comum na superfície, mas palco de ações ilegais, porém necessárias. A precaução era a ordem do dia; ao menor sinal de suspeita, tudo era escondido embaixo de um colchão. Jacqueline geralmente trabalhava lá sozinha, e nós só aparecíamos para transmitir ou receber informações cruciais, e sempre durante as horas discretas da manhã e da tarde.

Durante esse período em Nice, cuidamos de cerca de 430 pessoas, um número que se manteve relativamente estável desde a última contagem. Os rostos não eram necessariamente os mesmos, é verdade. Alguns foram varridos pelo terror das deportações, e vimos novos casos chegarem. Indivíduos que até então haviam permanecido em silêncio por orgulho ou medo se revelaram a nós, movidos pelo desespero. Suas reservas estavam diminuindo com o tempo, e a escassez não lhes deixava outra opção a não ser procurar ajuda.

No passado, antes de chegar a esse número de 430, tínhamos conseguido redistribuir alguns refugiados para áreas onde era mais fácil conseguir suprimentos. Como resultado, apesar de pequenas variações, nossos números giravam em torno de 430, e as apostas continuavam altas. No entanto, nossa situação financeira estava se tornando cada vez mais preocupante. Ainda mantínhamos uma reserva de emergência, uma "reserva de segurança", mas ela estava diminuindo de forma alarmante. Então, decidi ir a Paris para pedir ajuda a Maurice. Eu o encontrei no Hotel Montpensier, mas as notícias não eram boas em termos de apoio financeiro.

No entanto, tive a oportunidade de observar a engenhosidade e a ousadia de seu trabalho. Na esplanada dos Inválidos, durante reuniões clandestinas conhecidas como "reuniões de cachoud", Maurice orquestrou uma intensa distribuição de documentos falsos, animando cada troca com paixão e urgência. Apesar disso, nossos recursos financeiros continuavam limitados. Mas o destino cruel nos alcançou em 18 de julho. Uma traição perniciosa fez com que Maurice e seus companheiros caíssem em uma emboscada orquestrada pelo agente duplo Charles Porel. Prometendo armas lançadas de paraquedas da Inglaterra, ele os levou diretamente para a Gestapo. Maurice, Ernest

Appenzeller, o rabino René Kapel e outros foram capturados; apesar de ter sido torturado, Maurice não revelou nada.

Após esse trágico incidente, nossos meios de comunicação foram interrompidos. Não tínhamos contato direto com a família de Maurice; seu endereço era desconhecido para nós. Foi somente mais tarde que soubemos de seu trágico destino. Uma reunião foi realizada em Tisha B'Av, em 30 de julho, quando recebemos a terrível notícia. Foi no apartamento de Madame Nardi, no Château Roussey-Gouran, um lugar que sempre consideramos seguro.

Desesperado, mas determinado a perseverar, optei por tentar a sorte em Monte Carlo, seguindo um endereço fornecido por Georges Bloch. A locomoção era difícil, dificultada por instalações militares alemãs, bloqueios de estradas e ameaças de minas. A destruição da Gare Saint-Roch reduziu drasticamente as conexões ferroviárias para Monte Carlo, tornando a tarefa ainda mais difícil.

Para maximizar minhas chances, optei por um disfarce de escoteiro, chapéu na cabeça e bermuda. Assim vestido, parti para a estrada. A rota era complexa, com trechos feitos a pé e de ônibus. Finalmente, cheguei ao meu destino na casa dos Gessulas, que pareciam bastante surpresos com a presença de alguém do meu tipo. Mesmo assim, eles me receberam de forma muito calorosa. Eles puderam me dar uma pequena quantia em dinheiro e se comprometeram a tentar obter mais de seus parentes.

Na manhã de 15 de agosto, fui acordado pelo som ensurdecedor de tiros. A fumaça subia ao longe, sinal das explosões que marcaram os desembarques dos Aliados na Provença, especialmente no Var. Passariam quase duas semanas até que Nice fosse libertada. Nesse meio tempo, cerca de quinze judeus haviam sido presos e estavam nas mãos da Gestapo. O transporte para Drancy não era mais uma opção, pois as linhas de trem haviam sido cortadas. Temíamos que os alemães realizassem execuções ou atos de tortura em um último ataque de barbárie. Felizmente, todos os prisioneiros foram libertados. Nossos temores se mostraram infundados. Em pânico com a ideia de estarem cercados, os alemães fugiram às pressas, sem tempo para organizar mais violência.

Foi um período de confusão, e não sabíamos realmente o que esperar. Seria realmente o fim do conflito? Pelo menos sabíamos que um ponto de virada decisivo estava próximo. No entanto, as intenções dos Aliados não estavam claras para nós, pois seu objetivo imediato parecia ser avançar para o norte, deixando Nice um pouco de lado.

No final, foram os soldados americanos que chegaram primeiro, e não as forças da Resistência Francesa. Entretanto, a presença alemã diminuiu rapidamente, graças, em parte, à ação dos maquis. Até que ponto os maquis influenciaram a retirada alemã? É difícil dizer, mas estávamos cientes da presença deles e até tínhamos vínculos com vários grupos aos quais fornecíamos documentos falsificados. Esses mesmos grupos nos forneceram armas para as forças de combate francesas.

Em 27 de agosto, recebemos instruções de nosso líder da resistência local. Éramos filiados à FTP comunista, Francs-Tireurs et Partisans, sob a liderança de René Cantat. Graças à rede deles, tínhamos sido mobilizados para neutralizar a casa de bloqueio na avenue de la gare, em Nice. Recebemos a ordem de avançar em direção ao objetivo com o máximo de cautela e de não nos expormos. Não foi uma tarefa fácil, mas conseguimos nos posicionar a uma distância que nos permitia enfrentar o inimigo. Para a ocasião, recebemos armas - rifles, nada muito elaborado, mas era tudo o que tínhamos.

Assim que disparamos nossos primeiros tiros, a resposta alemã foi rápida: intenso tiroteio. Felizmente, não houve baixas do nosso lado. Depois de alguns instantes, um de nossos vigias, posicionado em um prédio próximo, nos informou que os alemães estavam abandonando sua posição, atirando para cobrir a retirada.

Cerca de meia hora mais tarde, avançamos e, depois de mais algumas trocas de tiros, descobrimos que os alemães haviam evacuado a casa de bloqueio e se retirado. Não sabíamos se eles haviam sofrido alguma baixa, mas o mais importante para nós era que os nossos estavam a salvo.

Na manhã de 28 de agosto, espalhou-se a notícia de que não havia mais alemães na cidade. Os quartéis e postos de controle habituais haviam sido abandonados. As tropas americanas estavam em Saint-Laurent-du-Var, nos arredores de Nice. Fui de bicicleta até as Arenas, a oeste da cidade, e encontrei soldados americanos sentados nas calçadas, se refrescando e comendo suas rações. Eles pareciam exaustos, com o equipamento pesado sobre os ombros. Quando se levantavam para avançar, caminhavam lentamente. Portanto, não se tratava de um desfile triunfante de vitória, mas sim do progresso laborioso de soldados cansados, sem alarde ou cerimônia.

Quanto à origem dos soldados americanos que conhecemos, é verdade que não posso lhe dar uma resposta precisa. Eles poderiam ter vindo do norte da África e incluído a campanha italiana, mas isso exigiria conhecimento militar específico. Quanto à ordem que havíamos recebido, era para nos reunirmos em Cimiez e procurarmos o prefeito nomeado na clandestinidade, um certo Moyon. No caminho, encontrei um Peugeot abandonado, que tomei temporariamente para seguir a procissão com alguns camaradas até a prefeitura. A cidade estava transbordando de alegria enquanto as pessoas se enfileiravam nas calçadas para comemorar esse importante evento.

Assim, Moyon foi o novo prefeito de Nice, um socialista nomeado pelas organizações de resistência como prefeito provisório. Um de nossos companheiros tomou a iniciativa de invadir imediatamente a delegacia de polícia judaica. Era um lugar completamente deserto; fomos recebidos por um guarda aterrorizado que nos deixou tomar posse das instalações. Isso nos permitiu transferir nossas atividades da clandestinidade para a visibilidade aberta.

No que diz respeito aos arquivos da delegacia de polícia, não fomos nós que nos encarregamos de recuperá-los, mas sim grupos especializados da Resistência. O que consegui encontrar na mesa do comissário, que mais tarde ocupei como diretor do escritório, foram vários carimbos oficiais, mas, na época, a ideia de guardar esses documentos como prova para um possível testemunho me parecia remota e, na urgência da situação, não era minha prioridade.

Tínhamos um conjunto de escritórios à nossa disposição e, muito rapidamente, os judeus que saíam de seus esconderijos vinham nos ver, esperando que pudéssemos resolver suas muitas preocupações. Isso foi antes mesmo de termos estabelecido um sistema organizado, e era necessário fornecer-lhes alimentos. Nossos cofres estavam vazios, mas milagrosamente recebemos fundos de uma fonte inesperada. Não sei dizer de onde veio essa contribuição surpreendente, mas recebemos uma doação de 750.000 francos do comitê regional da Resistência, uma quantia extremamente valiosa para cobrir as necessidades mais urgentes das pessoas que nos procuravam.

Os fundos que recebemos foram usados como auxílio emergencial para as famílias cujas listas mantivemos enquanto estávamos escondidos. Nessa ocasião, surgiram novos casos e os critérios para a distribuição da ajuda não estavam claramente estabelecidos. Tivemos que tomar decisões rápidas para fornecer a primeira ajuda, sem nenhuma experiência formal em trabalho social. Nossa abordagem dependia muito do bom senso e da determinação daqueles que se improvisaram como assistentes sociais no local.

À medida que nos ajustávamos a essa nova realidade e à nossa transição para um papel abertamente social, a rede de assistência também saiu das sombras. Moussa Abadi, em colaboração com a OSE (Œuvre de Secours aux Enfants), havia organizado uma rede para resgatar crianças judias que haviam sido escondidas em instituições católicas da região. Com o apoio do bispado, a Sra. Lagache mantinha registros escrupulosos de seus protegidos. Um dia, acompanhando Moussa Abadi ao palácio do bispo, testemunhei a estima e o carinho com que ele foi recebido.

Abadi conseguiu várias centenas de crianças - o número exato me escapa da memória, mas foi entre 100 e 200, levando em conta que algumas foram enviadas para a Suíça ou outro lugar. Rogovski, um russo branco e ex-membro do governo de Kerensky, e sua fiel secretária Olga Mas, também saíram da clandestinidade. Durante a ocupação, eles ajudaram judeus e possivelmente não-judeus da comunidade russa.

Capítulo 12

Uma infância de martírio judaico

Após a Libertação, as crianças escondidas começaram a ser devolvidas às suas famílias, sob a administração de Abadi. Ele também era responsável pelo pagamento dos custos de hospedagem nas instituições de acolhimento, embora eu desconheça a origem de seus fundos. É certo que alguns órfãos permaneceram, mas não posso dar detalhes.

Com a Libertação, a vida começou a voltar ao normal na comunidade judaica. As pessoas puderam começar a recuperar seus bens e encontrar trabalho, um sinal de um lento retorno a uma existência menos marcada pela urgência das necessidades imediatas e pelos horrores da guerra. A transição dos anos de ocupação para o período pós-guerra foi marcada por situações pessoais extremamente variadas. Algumas pessoas puderam retomar suas atividades profissionais rapidamente, enquanto outras sofreram com o fato de seus negócios terem sido confiados a administradores provisórios, não sem, às vezes, serem roubadas no processo.

Não havia uma regra uniforme para a recuperação de ativos e atividades. Os mais empreendedores começaram a reconstruir seus negócios sempre que possível, enquanto outros enfrentaram sérias dificuldades. Tudo isso aconteceu gradualmente, e as mudanças não ocorreram imediatamente após a Libertação. Os primeiros dias de liberdade recém-descoberta foram marcados por uma certa confusão e euforia; nem sempre sabíamos onde concentrar nossos esforços. No entanto, um ponto crucial permaneceu: dar às pessoas a chance de se alimentarem. O dinheiro que tínhamos à nossa disposição nos permitiu passar por esse período crítico.

Éramos jovens e inexperientes, mas os princípios de Maurice permaneceram firmemente ancorados: nada de política supérflua, nada de retórica vazia, mas ações concretas com obrigações claras. Para nós, era essencial ter um status legal para nossas atividades. Portanto, criamos uma estrutura oficial para lidar com as autoridades, o Comitê Israélite d'Action Sociale, que mais tarde serviria de modelo para o COJASOR, o Comitê Juif d'Action Sociale et de Reconstruction.

O registro da nossa associação na prefeitura nos mergulhou no turbilhão das lutas políticas da época. O prefeito Moyon, um socialista, havia sido substituído por um comunista. Virgile Barrel, por outro lado, havia assumido à força a prefeitura de Nice e estava desempenhando um papel fundamental para o Partido Comunista local.

Apesar da forte presença do FTP e dos comunistas ativos em Nice, que conseguiam se impor por meio de sua presença ativa no local, havia também a UJRE, Union des Juifs pour la Résistance et l'Entraide, que alegava representar a comunidade judaica. Tive que defender nossa causa em um confronto memorável na prefeitura contra o advogado comunista Maître Jacques Lippmann. Embora sua eloquência fosse impressionante, nossa missão e visão prevaleceram com o tempo, permitindo-nos continuar nosso trabalho a serviço da comunidade.

No período após a libertação e o fim da clandestinidade, a organização que eu dirigia não buscou julgamento nem se justificou. Também não insistimos em ser registrados oficialmente como uma associação; simplesmente continuamos nossas atividades como se nada tivesse acontecido. É por isso que eu disse que a caravana está passando. O que ficou claro foi que a UJRE parecia estar interessada principalmente nos recursos financeiros que havíamos recebido. Eles souberam da nossa alocação pelo comitê regional de resistência e, como estavam com poucos fundos, isso os atraiu.

Quanto à ideia de que a UJRE poderia se infiltrar em nossa organização, isso me parecia improvável, pois a maioria dos jovens envolvidos era de orientação sionista e não estava alinhada com as perspectivas comunistas. Também tivemos o apoio do Maître Edmond Montel, presidente do Nice Bar, que se tornou o presidente honorário de nossa associação. Seu apoio nos ajudou a cumprir nossa missão. Mantive contato com Monte-Carlo para garantir a continuidade do financiamento enquanto esperávamos para estabelecer relações com a Joint ou com outras organizações que estavam se reorganizando em nível nacional.

Nossos dias não eram dedicados apenas às negociações; éramos absorvidos principalmente pelo trabalho social prático, respondendo a inúmeras solicitações. Começamos a compilar arquivos, adquirir o equipamento necessário, criar arquivos e documentação. Falando nisso, gostaria de ilustrar com as listas de nomes que tínhamos durante o período da clandestinidade, que eu compilei usando subsídios quinzenais. Você pode ver o número de pessoas por família e as assinaturas ou impressões digitais que atestam o recebimento dos fundos. Em uma das listas, você verá a palavra "taken" no lugar de uma assinatura, indicando que alguém foi preso. As quantias variavam, indo de 300 a 400 francos, em média, na época, dependendo do número de pessoas por mesada.

Em setembro de 1944, recebi as primeiras notícias de minha família. Meus pais tinham sido internados na Suíça e minha irmã Simone, de quem eu não tinha notícias há meses, tinha ficado em Chambéry até a Libertação e depois voltou para Aix bem antes deles. Ela cuidava de um lar de crianças que o rabino Soal havia criado para acolher crianças escondidas na região. Infelizmente, muitas dessas crianças nunca foram devolvidas a seus pais deportados. No final de setembro, também recebi uma carta de Henri Porriles, datada de 4 de setembro, dizendo que ele havia conseguido fugir com Ernest depois de ser preso em 18 de julho. Sua mãe havia permanecido em Nice, onde havia se escondido.

Depois disso, entrei em contato com as organizações parisienses que haviam se reunido na COJASOR para preparar pedidos de subsídios, pois nossos recursos do período clandestino haviam se esgotado. As pessoas estavam menos disponíveis do que antes porque agora estavam concentradas na reconstrução de suas próprias vidas após a Resistência. Liderada por Fink e Topiol, a COJASOR tornou-se uma peça-chave em Paris. No que diz respeito a Fink, não tenho certeza se ele voltou para Nice, mas sei que ele estava escondido e que se estabeleceu em Paris após a Libertação.

Também tive de arcar com os salários dos meus assistentes, que obviamente não poderiam continuar sem remuneração, e financiar as despesas do escritório, como eletricidade e aquecimento. Portanto, tive que pensar em como apoiar financeiramente a infraestrutura necessária para nosso trabalho social durante esse período de transição. Os serviços do Yom Kippur foram realizados conforme planejado no Boulevard Dubouchage, que estava gradualmente voltando à sua agitação habitual. Entre as figuras proeminentes estavam o Sr. Dubinsky, o respeitado presidente da Dubouchage, e o Rav Rubinstein, que mais tarde se tornaria rabino em Paris, no bairro da rue Pavée. Antes de deixar a região, ele havia assumido o comando do Minyan Dubouchage.

Um pintor chamado Sr. Berzon, reconhecível por seu bigode tradicional, e o hazan, Sr. Katz, também eram figuras conhecidas na comunidade. Durante esse período, também houve certa agitação devido à presença americana, com um próspero mercado negro de álcool, cigarros e produtos enlatados, como você pode imaginar. O Sr. Katz, sua esposa e sua filha Yeta, que mais tarde se juntou à nossa equipe, foram presos pouco antes do desembarque em Provence. Eles estavam entre as 15 pessoas que foram libertadas depois que os agentes da Gestapo fugiram após o desembarque. Essa foi a última prisão de judeus em Nice.

Quanto ao suprimento de alimentos, ele permaneceu muito limitado, apesar do surgimento do pão branco. Os soldados americanos eram uma importante fonte de suprimentos para nós. Em Nice e arredores, que não eram muito agrícolas e eram bastante áridos, era difícil conseguir suprimentos, com exceção de algumas frutas e azeitonas. E até mesmo produtos como queijo vinham principalmente de Hautes-Alpes, que ficava bem longe. As redes de transporte e o abastecimento de gasolina ainda não haviam voltado ao normal. O prédio da 15, avenue de la Victoire, foi transformado em um local de atividade agitada, onde continuamos a trabalhar para atender à emergência e às necessidades de nossa comunidade nessa era de reconstrução.

Fui confrontado com vários incidentes com as pessoas que estávamos ajudando. Logo tivemos que começar a classificá-los, com base nas informações que conseguimos reunir. Descobrimos que algumas das pessoas que nos procuravam para pedir ajuda tinham, na verdade, fundos ocultos. O número de incidentes barulhentos e confrontos começou a aumentar. Às vezes, eu tinha de intervir quando as pessoas começavam a gritar em nossos escritórios, ameaçando destruir tudo se não lhes déssemos dinheiro e negando todas as acusações contra elas.

Em alguns casos, tivemos que tomar decisões arbitrárias. Caso contrário, nosso fundo teria se esgotado rapidamente. Esse tipo de fenômeno não era novidade, mas quando estávamos na clandestinidade, não tínhamos os mesmos recursos de controle. Tínhamos que confiar muito na intuição e no julgamento de nossos assistentes sociais para discernir quem realmente precisava de ajuda e quem estava exagerando ou não precisava realmente. Ao mesmo tempo, vários serviços sociais ressurgiram. O Consistoire foi reorganizado, com figuras importantes como o Sr. Théodore Kahn, a Sra. Bader e o Sr. Berland. Foi nessa época que um fundo de empréstimo foi criado, graças à iniciativa do Sr. Kowarski, que concedeu empréstimos honorários, permitindo que muitas pessoas reiniciassem suas vidas profissionais.

A primeira atividade conjunta com a COJASOR em Paris, ainda chamada de COJASOR na época, foi lançada sob a égide moral do que havia sido o CRIF, principalmente um fundo de empréstimo para ajudar as pessoas necessitadas a se reerguerem após a guerra. Foi um período difícil de reconstrução, quando tivemos que equilibrar a ajuda imediata com a necessidade de promover a autonomia e a recuperação econômica das pessoas necessitadas. O CRIF, Conseil Représentatif des Institutions Juives de France, é uma organização representativa que foi reorganizada após a guerra. De fato, por iniciativa do Sr. Berland, foram feitos empréstimos de honra, que contribuíram muito para apoiar a reconstrução e a ajuda mútua na comunidade judaica.

Em meu retorno a Paris, o CRIF se envolveu em vários projetos, incluindo o patrocínio de uma Semana das Crianças Judias Mártires. Como parte desse esforço, vales em apoio às crianças judias martirizadas nos foram enviados para serem vendidos. Recebi cupons no valor de 5 e 10 francos, o que me pareceu bastante irrisório; não acreditava que pudéssemos arrecadar uma quantia significativa com valores tão pequenos. Então, tomei a iniciativa de mandar imprimir em Nice cupons de até 10.000 francos, que começamos a vender. Tivemos algum sucesso nesse empreendimento, mas o que foi particularmente notável foi que obtivemos o acordo da inspetoria de educação para que esses cupons fossem vendidos em todas as escolas do departamento de Alpes-Maritimes, obviamente por valores menores.

A campanha foi uma forma não apenas de arrecadar fundos, mas também de conscientizar os jovens sobre a história recente e o sofrimento sofrido pelas crianças judias durante a guerra. Era uma época em que a solidariedade e a educação sobre o Holocausto eram fundamentais para os esforços de reconstrução da comunidade judaica e da sociedade francesa como um todo. Naquela época, nossos esforços para apoiar as crianças judias mártires foram fortalecidos pelo apoio de Virgile Barrel, o prefeito de Nice, que concordou em comparecer ao lançamento de nossa campanha. Esse evento foi coberto por um jornalista local, o que ajudou a aumentar o perfil da nossa ação. Essa atividade demandou muita energia, mas também nos permitiu arrecadar uma quantia substancial de dinheiro. Naturalmente, os fundos arrecadados tiveram de ser enviados ao comitê nacional, pois não tínhamos acesso direto a eles. No entanto, o aspecto mais importante foi conscientizar a população não judia sobre a tragédia das crianças judias martirizadas.

Também obtive autorização especial da Chancelaria de Mônaco para vender esses vouchers no Principado. Esse foi um passo importante para estender nossa ação para além de Nice e atingir um público ainda maior. Para distribuir os vouchers, pedi ajuda a todos, a qualquer pessoa que estivesse disposta a nos ajudar. Nas escolas, a venda dos cupons foi organizada graças à colaboração da inspetoria escolar. Foi um momento de solidariedade e compromisso, demonstrando um desejo compartilhado de reconstruir e lembrar, após um dos períodos mais sombrios de nossa história.

Logo depois de sair da clandestinidade, quando ainda era jovem, comecei a pensar no futuro e a discutir as diferentes opções disponíveis para mim. Naturalmente, por ser comprometido com a ação e movido por fortes ideais, a ideia de ir para a Palestina tornou-se uma grande aspiração. Esse período foi marcado por intensa reflexão e debate em nosso grupo e, para alimentar essa efervescência intelectual e militante, publicamos uma pequena publicação mensal datilografada por três ou quatro meses que chamávamos de "Tekhelet-Lavan". Esse jornal foi o veículo de várias declarações, às vezes críticas aos líderes da comunidade judaica em nível nacional. Nós os acusávamos de não terem feito o suficiente para ajudar os judeus escondidos durante a guerra.

Lembro-me de ter escrito uma carta aberta ao rabino-chefe da França na época, Isaïe Schwartz, na qual eu pedia diretamente que ele abrisse caminho para pessoas mais ativas. Sentimos que havia uma necessidade de renovação na comunidade, de energias novas e empreendedoras capazes de romper com a rotina estabelecida e trazer novas perspectivas.

Quanto à coleta de fundos por meio de vales para crianças judias assassinadas nas escolas, graças ao acordo da inspetoria de educação, infelizmente não tenho números exatos para fornecer, pois não encontrei nenhum vestígio desse valor. Mas esse esforço de conscientização continuará sendo para mim um momento importante de reconstrução e compromisso em favor da memória coletiva e da justiça para as vítimas mais jovens da Shoah. Contra o trágico pano de fundo das notícias dos campos de deportação, que gradualmente chegavam até nós, percebemos a verdadeira dimensão do desastre. Os piores temores que havíamos imaginado acabaram sendo muito menores do que a terrível verdade. Os deportados só começaram a retornar depois do armistício, no verão de 1945, mas até então as informações já haviam sido filtradas.

Ao mesmo tempo, movimentos de jovens como o EI (Éclaireurs Israélites) e outros estavam florescendo. Logo notamos uma falta cruel de materiais didáticos e, em especial, a ausência de um livro de canções. As músicas são vitais nos movimentos juvenis; elas são o coração e a alma do espírito coletivo e da camaradagem. Muitos de nós conhecíamos muitas músicas, mas ninguém as sabia perfeitamente de cor e não havia documentos de referência.

Tomei a iniciativa de imprimir um livro de canções, com a ajuda ativa de Prosper Weil, que já mencionei. Naturalmente, o livreto foi impresso em caracteres latinos. Começamos a transcrever as músicas, com as letras traduzidas para o francês logo abaixo. Não demorou muito para que 500 cópias dos songbooks fossem impressas. Foi um projeto simbólico importante, que desempenhou um papel essencial na preservação de nosso patrimônio cultural e na transmissão dos valores de nossa comunidade para as gerações mais jovens, no esforço coletivo de reconstrução após a guerra.

Encontrei a fatura dos livros de canções que foram impressos nas prensas do jornal "Le Patriote niçois", e sua edição chamava-se "De l'Aurore". O pedido havia sido feito pelo movimento da Juventude Sionista, para o qual imprimimos 500 songbooks. Consultando meus cálculos na época, determinei que queríamos manter 50 livretos para os movimentos juvenis, para os líderes, e que planejávamos vender os 450 restantes. Calculei o preço de custo dividindo por 450, e a fatura foi datada de 22 de dezembro de 1944.

Também organizamos uma festa de Hanukkah naquele ano, que acabou sendo um grande sucesso. Tivemos a sorte de ter um grupo de irmãos e irmãs, os Pomeranz, que eram incansáveis e talentosos na organização de celebrações públicas. Eles deram vida ao Hanukkah de uma forma absolutamente notável, tornando-o uma ocasião animada e alegre para muitas pessoas que viveram escondidas durante a guerra. Essas iniciativas foram essenciais para revitalizar nossa comunidade e proporcionaram momentos muito necessários de conforto e compartilhamento após os tempos sombrios que acabamos de viver.

O Hanukkah foi a primeira oportunidade, após a guerra, de nos reconectarmos socialmente com a tradição judaica. Foi uma afirmação de nossa identidade e um momento de conforto para todos nós. Também fiquei sabendo de um grupo de refugiados em Cuneo, na Itália. Esse grupo conseguiu deixar a França com os italianos a tempo e conseguiu se manter, como mencionei em discussões anteriores. Eu havia planejado visitá-los, já tendo obtido todos os passes e autorizações necessários, mas, infelizmente, as autoridades militares fecharam a fronteira e não consegui chegar a Cuneo.

Durante o inverno, tivemos que lidar com muitos problemas materiais. Gostaria de homenagear a família Roux, amigos não-judeus de Jeannette Ewselmann, que nos deram seu apoio sendo proativos na causa da França liberal e apoiando muito os judeus. Seu apoio foi inestimável. Também gostaria de expressar minha gratidão à família Katz, que me recebeu em sua casa com extrema gentileza. As noites de sexta-feira que passei com eles, em uma atmosfera cheia de música, permanecem como uma lembrança calorosa e duradoura.

Quando Jeannette Ewselmann retornou, ela se juntou ao nosso grupo e também contribuiu para nossas atividades sociais. Com a aproximação do Pessach, os matzot foram assados em uma padaria especializada, a do Sr. Mrowka, um judeu que possuía uma fábrica de biscoitos e matzot antes mesmo da ocupação alemã. A única dificuldade foi a alocação da farinha, que finalmente conseguimos obter para ele.

Esses feriados judaicos eram uma oportunidade de fortalecer nosso senso de pertencimento e de continuar o trabalho de reconstrução da comunidade judaica após as terríveis provações da guerra. Chegamos ao Pessach em 1945. Durante esse período, meus pais voltaram da Suíça e assumiram suas acomodações mobiliadas em Aix-les-Bains. É importante ressaltar a gentileza e a amizade de seus proprietários, o Sr. e a Sra. Blanc, que cuidaram muito bem dos pertences deixados por meus pais, com a discrição que era essencial durante a ocupação.

O retorno de minha família a Estrasburgo estava previsto, mas as hostilidades da Segunda Guerra Mundial ainda não haviam terminado naquela época. Houve uma contraofensiva nas Ardenas, os alemães haviam cruzado o Reno novamente e ainda não havia certeza sobre o resultado do conflito. Por isso, decidimos organizar um Seder coletivo para o Pessach, o que exigiu uma supervisão rigorosa, especialmente do Rav Songalowski. Foi um empreendimento enorme: tivemos que esconder uma cozinha inteira em um grande restaurante no centro da cidade, e toda a nossa equipe trabalhou arduamente para que o evento fosse um sucesso.

No que diz respeito ao número de judeus que permaneceram em Nice naquela época, é difícil para mim fornecer até mesmo um número aproximado. Durante a ocupação, havia estimativas de cerca de 30.000 judeus presentes na região, mas, em minha opinião, esse número é um pouco exagerado. Eu diria que eram mais de 20.000. E acho até que um bom número deles deixou a região desde então.

Acreditávamos que vários milhares de judeus haviam sido presos em Nice e nos Alpes Marítimos, mas, na realidade, de acordo com documentos elaborados posteriormente, menos de mil foram presos e passaram pelo campo Excelsior em Nice. É possível que algumas pessoas tenham sido deportadas diretamente sem passar pelo Excelsior e, nesse caso, elas não estão incluídas nessa estatística, mas o número foi muito menor do que a escala das prisões poderia sugerir. É claro que até mesmo um preso é demais, e nossos pensamentos estão com cada um dos que sofreram.

O Seder de Pessach foi um grande sucesso, embora os presentes estivessem impacientes, com muita pressa para "sair do Egito" e comer os bolinhos. É uma reação muito humana, mas a maioria dos participantes expressou sua satisfação. Jeannette Ewselman desempenhou um papel crucial na organização do Seder, e pudemos comemorar seu sucesso com uma caminhada no amanhecer da primavera de Nice, que marcou o início de nosso compromisso.

Gostaria de voltar a um incidente que não aconteceu em Nice, mas que vale a pena mencionar. Antes da Libertação, fui a Marselha, durante o período dos bombardeios americanos. Para dizer a verdade, não me lembro exatamente o motivo da minha visita, mas fui aconselhado a entrar em contato com duas famílias alsacianas de lá. Das quatro pessoas, descobriu-se que havia apenas um judeu.

André Weingarten morava com o casal Merius, a Sra. Merius e sua irmã, Hélène, que era a noiva de André. Ele e o Sr. Merius haviam encontrado trabalho na organização Todt, o que lhes permitiu atravessar o período de clandestinidade. No entanto, eles foram denunciados por vizinhos que os acusaram de ajudar os alemães. Como resultado, todos foram presos. O Sr. Merius e Hélène foram libertados posteriormente, mas a Sra. Merius morreu após sua libertação, enquanto André Weingarten foi mantido em detenção, onde foi torturado e morreu na prisão.

Acabei descobrindo que por trás dessa tragédia estava Anne-Marie Kielitschi, uma agente dupla que, enquanto trabalhava em Nice em setembro de 1943, era amiga de um comissário de polícia em Marselha. Foi ela quem causou a perda de André Weingarten, que era perfeitamente inocente. O trabalho que ele realizava para a organização Todt era puramente manual, como manipulador e motorista de caminhão.

Capítulo 13

Voltar para Estrasburgo

Estrasburgo foi libertada em 23 de novembro de 1944. Naturalmente, meus pais e eu estávamos ansiosos para voltar e ver o que restava de nosso apartamento na rue du Général Gouraud e de nossas lojas. No início de maio, surgiu uma oportunidade: um refugiado de Colmar, o Sr. Kahn, tinha um carro, um pequeno Rosengart. Chegamos a um acordo: ele não sabia dirigir, então eu o levaria de carro até Colmar e depois iria a Estrasburgo para verificar a situação de nossa propriedade. Depois, eu voltaria para buscá-lo para a viagem de volta, pois ele também tinha uma loja de roupas em Colmar que queria visitar.

A propósito, pegamos meu pai em Aix-les-Bains para que pudéssemos ir juntos a Estrasburgo. Não vou me estender sobre os incidentes técnicos, como pneus e rodas, que prolongaram consideravelmente nossa viagem pelos Alpes. Depois de passar a noite em Digne, finalmente chegamos a Aix-les-Bains, pegamos meu pai e seguimos para Colmar e Estrasburgo.

Sabíamos que o bombardeio americano havia danificado muito Estrasburgo, com muitas bombas destruindo quase 3.000 casas e, portanto, cerca de 12.000 apartamentos em setembro de 1944, dois meses antes de a cidade ser libertada. Nosso apartamento na rue du Général Gouraud estava ocupado por soldados americanos que pareciam estar comemorando com várias garrafas de conhaque. O bombardeio havia deixado apenas as paredes do apartamento intactas, já que toda a madeira havia sido arrancada pelos habitantes para se aquecerem durante o inverno, na ausência de carvão.

Quanto à loja na Grand-Rue, ela estava ocupada por um saqueador cuja própria loja havia sido destruída pelos bombardeios; mas, de qualquer forma, ele havia se apropriado de nossa loja. Foi um retorno difícil a Estrasburgo, tingido de tristeza, impotência e melancolia. Na terça-feira, 8 de maio, o armistício foi declarado enquanto estávamos em Estrasburgo, marcando o fim das hostilidades entre os Aliados, a URSS e a Alemanha. Embora o fim do pesadelo prometesse uma era de paz, a euforia foi temperada pela ansiedade do que seria descoberto sobre os deportados quando retornassem, em que condições seriam encontrados?

Meus primos Max e Paul eram prisioneiros, enquanto o terceiro, René, havia conseguido ser repatriado. Na noite de quarta-feira, 9 de maio, estávamos em um café na rue du Jeu des Enfants, onde os refugiados que retornavam se reuniam para trocar informações. Era um lugar emotivo, onde as pessoas que se conheciam mais ou menos compartilhavam suas histórias, buscando conforto umas nas outras após as dificuldades que haviam enfrentado.

Na verdade, eram principalmente judeus que se reuniam nesse café para trocar notícias. Nessa reunião, meu primo Paul, que havia sido repatriado para Paris no dia anterior e tinha acabado de chegar a Estrasburgo, me encontrou. Foi um reencontro incrivelmente emocionante. Eu não o via desde o funeral de sua mãe na neve, no início de janeiro de 1940. Ele estava em boa forma; havia trabalhado para fazendeiros na Áustria e, portanto, estava em boas condições físicas. Seu irmão Max voltou alguns dias depois, mas eu já estava a caminho de casa.

Levei Monsieur Kahn de volta a Colmar, deixei meu pai em Aix-les-Bains, onde fizemos uma parada, e levei minha irmã Simone a Nice para passar alguns dias. Essa também seria uma oportunidade para que ela conhecesse Jeannette. Meus pais voltaram para Estrasburgo em julho.

Foi também nessa época que meu grupo etário foi convocado para o serviço militar. Eu esperava que fôssemos esquecidos. Eu tinha um cartão de desmobilização, mas não estava em meu nome. O que aconteceu em seguida foi que nosso grupo etário, tendo completado apenas alguns meses de serviço militar - que não era realmente serviço militar, porque fazíamos parte dos campos de trabalho dos jovens - foi convocado para servir em unidades responsáveis pela guarda de prisioneiros de guerra do Eixo. Finalmente, consegui reivindicar meu título de tenente da Resistência, que foi aceito, pelo menos por um tempo. No final, consegui manter o posto de aspirante, o que me colocou em uma posição de comando, em vez de ser apenas um soldado.

De fato, depois de ser convocado para Marselha para ingressar nas forças armadas, consegui obter uma carta do presidente do serviço de assistência social dos Alpes-Marítimos, orquestrada pelo meu vice em Nice, Jacques Inouefeld. A carta enfatizava que eu desempenhava um papel absolutamente essencial em Nice para o bom funcionamento do Comité Israélite d'Action Sociale e que meu trabalho se enquadrava na competência essencial dos serviços de bem-estar social da região. Como resultado, pediram que eu fosse transferido para a 445ª companhia de guarda de prisioneiros do Eixo - uma transferência que me permitiria realizar minhas tarefas vitais para a comunidade fora do horário de serviço.

Quando cheguei a Nice, logo me senti inútil e pensei que outros poderiam assumir a guarda dos prisioneiros do Eixo. Simulei uma doença e fui internado no hospital Mont Boron. O médico não parecia muito curioso e, depois das visitas, eu me afastei para ir ao escritório. No entanto, tive de voltar à noite por causa da chamada noturna. Apesar de tudo, consegui fazer a maior parte do trabalho no escritório.

Com o retorno dos deportados, iniciou-se um período e uma realidade de horror indescritível. Sabíamos que muitos dos deportados jamais retornariam. Temíamos que a maioria não voltasse, mas estávamos longe de imaginar a verdadeira escala de horror dos campos de concentração e extermínio nazistas, as câmaras de gás, os crematórios, a tortura, o sofrimento imensurável antes de sua aniquilação. O retorno dos poucos deportados sobreviventes nos chocou completamente; suas histórias nos traumatizaram de uma forma tão profunda que é difícil descrever.

Diante desses sobreviventes, nos sentimos totalmente impotentes diante de seu próprio trauma. Havia uma distância enorme entre nós, um abismo criado pelo horror e pelo sofrimento que eles haviam suportado. E, apesar da ajuda material que pudemos oferecer - embora insuficiente -, era impossível preencher essa lacuna, essa imensa distância moldada por experiências que somente aqueles que realmente as viveram poderiam entender. Era uma realidade que tínhamos de enfrentar, sabendo que jamais poderíamos aliviar totalmente a dor ou compreender a extensão das perdas sofridas por aqueles que haviam retornado do inferno dos campos de concentração.

Sinto muito, mas não posso dar um número exato do número de deportados que chegaram a Nice. Não me lembro se foram 20, 30 ou 15, esses detalhes me escapam agora. Quanto a seus testemunhos, as pessoas achavam muito difícil falar. Suas experiências eram tão dolorosas e traumáticas que encontrar palavras para descrevê-las era muitas vezes insuperável. As autoridades criaram uma estrutura, a COSOR, especificamente para ajudar os repatriados, muitos dos quais eram combatentes da resistência. A taxa de sobrevivência e de retorno dos combatentes da Resistência deportados foi maior do que a dos deportados judeus. É fundamental especificar que essas são proporções e não números absolutos. Também havia trabalhadores forçados que voltavam para casa após a guerra. Todos esses retornos exigiram a intervenção das autoridades, e a COSOR realizou um trabalho notável nessa área.

No entanto, a principal dificuldade foi confrontar a experiência dos retornados, uma experiência que muitas vezes era incomunicável e insuportável para eles. Muitos retornaram sem suas famílias, seus filhos ou seus pais, e cada caso representou uma tragédia terrível e única. Gostaria agora de apresentar alguns documentos. Um deles é meu cartão das Forces Françaises de l'Intérieur, que foi emitido após a

Libertação. Nesse cartão, você pode ver que ela era afiliada ao grupo FTP de René Cantat Logan Martin e Jean-Marie. É um vestígio do meu compromisso durante aqueles anos sombrios, um compromisso que nos custou muito caro, mas que também nos inspirou com uma enorme vontade de resistir e libertar.

Durante o período clandestino, estabelecemos contatos com a FTP (Francs-Tireurs et Partisans) e continuamos a colaborar com eles durante a Resistência. Esse cartão está vinculado à minha atividade para Tchadacheni, um compromisso que explicarei em detalhes mais tarde, mas você já pode ver que há um texto em russo e as bandeiras dos Aliados e a bandeira russa. Nesse cartão, de fato, está minha função como chefe do serviço social e do laboratório da Resistência. Esse departamento era responsável por fornecer documentos de identidade, suprimentos de alimentos e inteligência. Embora militarmente fôssemos parte integrante da FTP, também mantínhamos relações com outros grupos da Resistência. Nossa principal contribuição foi a fabricação e distribuição de documentos falsos, enquanto eles nos forneceram as armas de que precisávamos no Dia da Libertação.

Josée era a mais velha de nosso grupo de assistentes sociais. Sua idade exata era desconhecida para mim, ela mantinha segredo, mas provavelmente tinha entre 45 e 50 anos. Jacqueline Cotillard, Mika Niagouche e eu éramos todos mais jovens. Mika Niagouche, de origem alemã, era extremamente competente e comprometida com seu trabalho. A foto da nossa equipe é apenas uma fração representativa; faltavam vários colaboradores. Chegou o momento em que tive que passar a liderança do comitê para Jacques-Henri Feil. Nossos vínculos com Paris já estavam estabelecidos e podíamos contar com a garantia de orçamentos para assistência e salários. Em novembro, retornei a Estrasburgo para reconstruir os negócios da família. Meu pai havia me dito que, sem minha ajuda, ele não teria forças para recomeçar sozinho e que, se eu não voltasse, tudo o que ele havia construído seria perdido.

Aliyah teria que esperar cerca de um quarto de século. Jeannette também foi para Estrasburgo, onde ficaria com seu tio Lucien Cronbach e sua família. Nosso casamento foi planejado para a primavera de 1946, assim que conseguíssemos encontrar um lugar para morar, uma tarefa complexa devido à destruição generalizada na cidade. Foi uma época de reconstrução e grandes mudanças, não apenas para mim pessoalmente, mas também para a comunidade judaica e para o país como um todo, que estava se recuperando dos escombros dessa guerra devastadora.

A destruição material não se compara às tragédias humanas causadas pela Shoah: o luto dos deportados que nunca mais voltariam, o sofrimento indelével gravado no coração dos que sobreviveram. Lamentamos todos os companheiros que perderam suas vidas lutando ao nosso lado, abrindo caminho, dando um exemplo de coragem e resistência. Naquela época, nosso maior desejo era sermos dignos de seu sacrifício e nunca nos esquecermos de sua luta. Esse foi um princípio que tentamos incorporar em nossas ações e em nossa vida diária.

Quando olho para aquele período e para os anos de guerra hoje, é difícil para mim tirar alguma lição ou julgar aqueles anos terríveis. Você está me pedindo para fazer um estudo psicológico e histórico, o que é uma tarefa árdua. O que é certo é que esse período teve um efeito profundo em todos nós. De minha parte, vivi uma experiência intensa e muitas vezes difícil, mas não posso dizer que foi em vão.

Essas experiências, embora repletas de dor, moldaram quem eu sou e influenciaram o curso de minha vida. Elas são âncoras em minha memória, lembretes constantes das realidades mais sombrias de nossa história, mas também prova da resiliência e da capacidade do espírito humano de buscar a luz mesmo na escuridão mais densa.

Não há como negar que teríamos preferido evitar as provações da guerra, mas elas deixaram uma marca indelével em nós. De minha parte, saí desse período mudado, com uma perspectiva muito diferente da que tinha antes do conflito. Meu relato do período entre setembro de 1939 e novembro de 1945 está incompleto e estou ciente de que não consegui captar a intensidade daqueles anos, marcados por dramas diários, erros, tentativas e acertos, momentos de desespero e vitórias passageiras.

Nossa mais profunda gratidão deve ser expressa aos nossos leais amigos não judeus, cuja ajuda e dedicação têm sido essenciais para nosso trabalho e nossa sobrevivência.

Quanto à questão da importância e do significado de minha atividade durante a guerra, é verdade que tive a oportunidade de fazer coisas vitais, como salvar vidas e prestar assistência crucial sem a qual algumas pessoas não teriam sobrevivido. A transição para a rotina diária após um período de ação tão traumático e crucial pode ser difícil para algumas pessoas, mas, pessoalmente, não acho que tenha sofrido muito choque ou decepção. Acho que consegui passar de uma fase para outra com relativa naturalidade, embora os desafios que enfrentei após a guerra fossem de natureza muito diferente dos da Resistência.

Era imperativo reconstruir após a guerra, e isso foi feito nas melhores condições possíveis, apesar dos erros inevitáveis que qualquer pessoa pode cometer. Em seguida, dirigi o KRN-KMH em Estrasburgo por 25 anos, função à qual dediquei muito tempo e esforço para o benefício da comunidade.

Em 19 de maio de 1946, as Forces Françaises de l'Intérieur me concederam a medalha da Resistência.

Foi um grande motivo de orgulho para mim durante 20 anos. Entretanto, após a posição assumida pelo General de Gaulle em novembro de 1967, depois da Guerra dos Seis Dias, achei necessário devolver a condecoração a ele. Expressei minha incapacidade de manter uma honra que vinha de alguém que havia traído a confiança que um pequeno Estado como Israel havia depositado nele. Fiz o paralelo de que, assim como a França havia traído a Tchecoslováquia antes, ela acabara de trair Israel. A condecoração não tinha lugar em minha mente, especialmente após as declarações do general sobre o "povo vivo, orgulhoso e dominador".

Tenho o prazer de concluir esta conversa e agradeço a leitura. Espero sinceramente que esta gravação seja útil, tanto para minha família quanto para pesquisadores que possam se interessar em consultá-la no futuro.

É um desejo que expresso de todo o coração.

www.ingramcontent.com/pod-product-compliance
Lightning Source LLC
Chambersburg PA
CBHW031431150726
47989CB00002B/899